FAIRE L'ÉCOLE À LA MAISON

Dans la même collection

Isa Lise

FAIRE L'ÉCOLE À LA MAISON

EYROLLES

Groupe Eyrolles
61, bd Saint-Germain
75240 Paris Cedex 05
www.editions-eyrolles.com

Mise en pages : Istria

ISBN : 978-2-212-56603-1

SOMMAIRE

INTRODUCTION

Lorsqu'on devient parent, des questions apparaissent très vite. Serons-nous de bons parents ? Faut-il le laisser pleurer ou le consoler ? Faut-il punir ou comprendre ? Les babillages apparaissent puis les premiers pas et avant qu'on ait tout à fait réalisé, la grande question surgit : est-ce qu'on l'inscrit maintenant à l'école ? Et si la question était : ira-t-il à l'école ou apprendra-t-il à la maison ?

En effet, les deux options sont possibles et aucun choix n'est définitif : on peut ainsi opter pour l'école puis la maison, ou la maison puis l'école, ou alterner entre les deux. D'autre part, l'instruction à domicile offre plusieurs choix : cours par correspondance, modèle d'école dans la maison ou instruction centrée autour de l'enfant.

Ce livre est destiné à toute personne souhaitant s'informer sur l'instruction à domicile, à titre personnel ou pour découvrir cette réalité. Instruire son enfant est en effet une option tout aussi légale et légitime que le scolariser. Parfois ce choix est dicté par les circonstances, parfois il est mûrement réfléchi, bien avant que l'enfant ne vienne au monde. Cependant, même lorsque le choix s'impose, il peut devenir un choix volontaire. La première partie de ce livre détaille la législation en vigueur, mais également les raisons qui poussent à instruire son enfant ainsi que le devenir des enfants non scolarisés. Lorsqu'on envisage l'instruction à domicile ou qu'on prend cette décision, différentes inquiétudes surgissent alors : est-ce que ce choix sera fait de sacrifices, qu'ils soient financiers, sociaux ou personnels ? Comment s'organiser ? Les familles qui font ce choix optent-elles pour des cours par correspondance ? Quelles sont les autres alternatives ? Comment gère-t-on le temps lorsqu'on instruit son enfant ? Faut-il prévoir un planning ? Est-ce qu'il y a un programme à suivre ? Faut-il préparer des cours ? La deuxième partie posera ces questions et conduira à réfléchir à l'organisation nécessaire : les choix financiers, la multiplicité des réalités des familles instruisant leurs enfants et la gestion du temps. Enfin, une troisième partie présentera des choix pédagogiques possibles lorsque l'enfant apprend en dehors de l'école. Vous découvrirez des pédagogies inspirantes et des pistes pratiques pour que l'enfant puisse devenir pleinement acteur de ses apprentissages.

PARTIE 1

INSTRUIRE SON ENFANT

CHAPITRE 1

QUELLE EST LA LÉGISLATION ?

Au programme

- Quels sont les textes législatifs autorisant l'instruction à domicile ?
- Tous les deux ans, un contrôle de la mairie
- Tous les ans, un contrôle pédagogique
- L'essentiel à retenir

Pendant l'année 2014-2015, près de 12 300 000 enfants ou adolescents étaient scolarisés dans un établissement public ou privé (premier et second degrés). Et pourtant si l'instruction est obligatoire, l'école ne l'est pas. La même année, 24 878 enfants âgés de 6 à 16 ans grandissaient sans école. L'instruction étant obligatoire uniquement de 6 à 16 ans, les enfants plus jeunes ou plus âgés ne sont pas comptabilisés. Parmi ces 24 878 enfants, 7 314 enfants grandissaient sans école ni cours par correspondance et environ 15 000 étaient inscrits au CNED réglementé (avec l'aval de l'inspection académique pour ceux-ci). Découvrons ensemble pourquoi il est tout à fait légal d'instruire son enfant à domicile.

Quels sont les textes législatifs autorisant l'instruction à domicile ?

Le Code de l'éducation

L'instruction à domicile, un droit

« *L'instruction est obligatoire pour les enfants des deux sexes, français et étrangers, entre six et seize ans. La présente disposition ne fait pas obstacle à l'application des prescriptions particulières imposant une scolarité plus longue.* »

Article L. 131-1 du Code de l'éducation

Avant la rentrée scolaire correspondant à l'année civile des 6 ans, l'instruction n'est pas obligatoire. À partir de 16 ans, elle n'est plus obligatoire.

« *L'instruction obligatoire peut être donnée soit dans les établissements ou écoles publics ou privés, soit dans les familles par les parents, ou l'un d'entre eux, ou toute personne de leur choix.*

Un service public de l'enseignement à distance est organisé notamment pour assurer l'instruction des enfants qui ne peuvent être scolarisés dans une école ou dans un établissement scolaire. »

Article L. 131-2 du Code de l'éducation

Légalement, il est donc possible de choisir entre établissement public ou privé, cours par correspondance, cours particuliers ou encore instruction par les personnes responsables de l'enfant.

De plus, si l'enfant ne peut pas aller à l'école, les parents peuvent, s'ils le souhaitent, demander à bénéficier du service public d'enseignement à distance qui est le CNED.

Pascal et Denise, parents de deux enfants[1]

« Nous travaillons tous deux respectivement à 80 % et 100 %. Pourtant, un premier essai à l'école nous a incités à chercher une autre solution. Aucun de nous ne souhaitant renoncer à son métier, nous avons fait appel à une jeune fille au pair pour s'occuper de nos deux enfants encore petits. Celle-ci utilisait fréquemment sa langue maternelle avec les enfants, leur permettant ainsi de découvrir une autre langue que la leur. Lorsque nous ne travaillons pas, nous proposons différentes activités à nos enfants. Lorsque les enfants ont grandi, nous sommes passés tous les deux à 80 % et avons opté pour des cours par correspondance. Nos deux enfants ont obtenu le brevet sans être allés à l'école. »

À noter

Quelques définitions avant d'aller plus loin...

Instruction en famille : enfants instruits sans école en présentiel ; l'instruction à domicile concerne donc les enfants inscrits à des cours par correspondance, y compris le CNED réglementé, et les enfants instruits en famille.

Instruction en famille : elle concerne les enfants instruits sans cours par correspondance. Cependant depuis la nouvelle circulaire du 26 décembre 2011[2], les cours par correspondance (hors CNED réglementé) tendent à être associés à l'instruction en famille.

Déclarer l'instruction à domicile

« Les personnes responsables d'un enfant soumis à l'obligation scolaire définie à l'article L. 131-1 doivent le faire inscrire dans un établissement d'enseignement public ou privé, ou bien déclarer au maire et à l'inspecteur d'académie, directeur des services départementaux de l'Éducation nationale, qu'elles lui feront donner l'instruction dans la famille. Dans ce cas, il est exigé une déclaration annuelle.

1. Dans les différents témoignages présentés dans ce livre, les prénoms ont généralement été changés, certaines phrases sont écrites telles qu'elles ont été prononcées, d'autres ont été reformulées tout en conservant l'idée essentielle.

2. www.education.gouv.fr/pid25535/bulletin_officiel.html?cid_bo=58902

Les mêmes formalités doivent être accomplies dans les huit jours qui suivent tout changement de résidence ou de choix d'instruction.

La présente obligation s'applique à compter de la rentrée scolaire de l'année civile où l'enfant atteint l'âge de six ans. »

Article L. 131-5 du Code de l'éducation

« *Sont personnes responsables, pour l'application du présent chapitre, les parents, le tuteur ou ceux qui ont la charge de l'enfant, soit qu'ils en assument la charge à la demande des parents, du tuteur ou d'une autorité compétente, soit qu'ils exercent sur lui, de façon continue, une autorité de fait.* »

Article L. 131-4 du Code de l'éducation

« *Le fait, par les parents d'un enfant ou toute personne exerçant à son égard l'autorité parentale ou une autorité de fait de façon continue, de ne pas déclarer en mairie qu'il sera instruit dans sa famille ou dans un établissement privé hors contrat est puni de l'amende prévue pour les contraventions de la cinquième classe.* »

Article R. 131-18 du Code de l'éducation

Par conséquent, à chaque rentrée scolaire ou dans les huit jours suivant un changement de résidence ou de choix d'instruction, deux déclarations doivent être envoyées : une à la mairie du lieu d'habitation et une à l'inspecteur d'académie pour chaque enfant soumis à l'obligation d'instruction. Des courriers types sont disponibles sur les sites de différentes associations ; il est par exemple possible d'en télécharger sur le site de Libres d'Apprendre et d'Instruire Autrement (LAIA) : http://laia.asso.free.fr/lettyp.html

Julie, Martin et Lola, 5 et 6 ans

Julie est née en décembre 2011. En septembre 2017, ses parents déclarent donc pour la première fois qu'elle est instruite en famille.

Les parents de Martin, né en janvier 2011, déclarent également pour la première fois qu'il est instruit en famille pour la rentrée de septembre 2017.

En revanche, Lola née en janvier 2012 ne fera l'objet d'aucune déclaration pour la rentrée de 2017.

Si votre enfant est au CNED réglementé (voir plus bas), aucune déclaration obligatoire n'est prévue puisque l'accord a été donné par l'inspecteur d'académie. C'est le CNED qui procède aux formalités.

Dans le cas des autres cours par correspondance (sauf CNED libre, c'est-à-dire sans accord de l'inspection académique), les déclarations sont normalement effectuées par le cours par correspondance. Assurez-vous cependant que c'est le cas car depuis la nouvelle circulaire, de nombreux cours ne pratiquent plus les déclarations imposées.

À noter

Les familles instruisant leurs enfants peuvent bénéficier des allocations familiales : *« Le versement des prestations familiales afférentes à un enfant soumis à l'obligation scolaire est subordonné aux conditions fixées par les dispositions des articles L. 552-4 et L. 552-5 du Code de la sécurité sociale ci-après reproduites : "Art. L. 552-4. Le versement des prestations familiales afférentes à un enfant soumis à l'obligation scolaire est subordonné à la présentation soit du certificat d'inscription dans un établissement d'enseignement public ou privé, soit d'un certificat de l'autorité compétente de l'État attestant que l'enfant est instruit dans sa famille, soit d'un certificat médical attestant qu'il ne peut fréquenter régulièrement aucun établissement d'enseignement en raison de son état de santé" »* (article L. 131-3 du Code de l'éducation).

Le cas particulier du CNED réglementé

Choisir d'instruire son enfant est un droit garanti par la loi, aucune demande d'autorisation n'est nécessaire. En revanche, si vous souhaitez obtenir le CNED réglementé et gratuit pour votre enfant, vous devez compléter un dossier. Le directeur académique des services départementaux de l'Éducation nationale (DASEN) accepte ou refuse de donner cet accord soumis à conditions :

- éloignement géographique justifiant la demande (les expatriés, par exemple) ;
- problème médical ;
- activités artistiques ou sportives intenses justifiant une instruction à domicile ;
- besoins éducatifs particuliers.

Ensuite, un dossier d'inscription doit être complété. Il est à demander auprès du CNED[3] ou à télécharger sur le site. L'accord du DASEN est joint à ce dossier.

Enfin, le CNED effectue les déclarations nécessaires.

Solèna, 18 ans

« À 14 ans, j'ai été victime de harcèlement au collège. Une phobie scolaire a ensuite été diagnostiquée. Mes parents et ma psy cnt complété le dossier demandé par le DASEN, fourni les bulletins scolaires du collège et j'ai obtenu le CNED réglementé. J'ai ensuite pu passer mon brevet puis le bac avec succès. »

Pierrick, 14 ans

« Victime d'un AVC à 10 ans, je souffre de difficultés d'apprentissage. Différents documents médicaux et un courrier de maman ne m'ont pourtant pas permis de bénéficier du CNED réglementé. J'ai finalement été instruit en famille sans cours

3. Coordonnées du CNED : BP 60200, 86980 Futuroscope Chasseneuil Cedex. Téléphone : 05 49 49 94 94. Site : http://cned.fr

par correspondance, et j'ai énormément progressé. Aujourd'hui, j'envisage des études longues. »

La charte des droits fondamentaux de l'Union européenne

« La liberté de créer des établissements d'enseignement dans le respect des principes démocratiques, ainsi que le droit des parents d'assurer l'éducation et l'enseignement de leurs enfants conformément à leurs convictions religieuses, philosophiques et pédagogiques, sont respectés selon les lois nationales qui en régissent l'exercice. »

Article 14-3 de la charte des droits fondamentaux de l'Union européenne, 2002.

La charte des droits fondamentaux de l'Union européenne renforce les textes de loi français autorisant l'instruction à domicile.

Tous les deux ans, un contrôle de la mairie

« Les enfants soumis à l'obligation scolaire qui reçoivent l'instruction dans leur famille, y compris dans le cadre d'une inscription dans un établissement d'enseignement à distance, sont dès la première année, et tous les deux ans, l'objet d'une enquête de la mairie compétente, uniquement aux fins d'établir quelles sont les raisons alléguées par les personnes responsables, et s'il leur est donné une instruction dans la mesure compatible avec leur état de santé et les conditions de vie de la famille. Le résultat de cette enquête est communiqué à l'inspecteur d'académie, directeur des services

départementaux de l'Éducation nationale. Lorsque l'enquête n'a pas été effectuée, elle est diligentée par le représentant de l'État dans le département. »

Article L. 131-10 du Code de l'éducation

Lors de cette enquête, il est demandé au responsable légal de l'enfant :

- Pourquoi l'instruction à domicile a-t-elle été choisie ? Aucune justification n'est nécessaire, aucune raison n'a à être jugée « mauvaise », il s'agit simplement d'informer sur la raison de ce choix.
- Quels sont les moyens mis en œuvre pour instruire l'enfant ? Il ne s'agit pas d'entrer dans les détails de l'instruction, mais on peut demander comment s'organisent les journées, si un cours par correspondance ou un programme a été choisi. Il est également fréquent que la personne en charge du contrôle cherche à savoir si l'enfant effectue des activités à l'extérieur. Il ne faut pas hésiter à évoquer les groupes non scos[4].

À noter

Cette enquête n'est pas une enquête sociale, on ne peut donc pas demander à voir le carnet de santé de l'enfant, à connaître vos revenus, à visiter votre maison (en dehors de la pièce où étudie votre enfant si cette pièce existe). La personne en charge du contrôle n'a pas non plus à s'enquérir de vos relations avec le voisinage ou votre famille ou à connaître vos choix religieux ou encore votre niveau d'études.

Les Éditions l'Instant Présent proposent un petit guide pour mieux se préparer à cette enquête (cf. Bibliographie).

4. Non scolarisés.

Lison, 10 ans

« Je vis dans une grande ville avec mes parents. Une assistante sociale est venue à la maison et s'est entretenue avec nous. Mes parents ont expliqué qu'ils faisaient cours le matin puis des activités créatives ou des sorties l'après-midi. J'étais contente de montrer mon bureau dans ma chambre et j'ai aussi parlé de mes copines des ateliers créatifs. »

Paul et Mélissa, 8 et 11 ans

« Nous, on vit à la campagne et c'est l'adjointe du maire qui s'est déplacée. Elle s'est entretenue avec maman qui a expliqué qu'une journée n'était jamais identique à une autre, qu'elle nous proposait différentes activités et qu'on choisissait. L'adjointe n'a pas demandé à voir nos chambres, en revanche elle a regardé avec intérêt les étagères débordant de livres et de jeux. J'ai évoqué les clubs dans lesquels je suis inscrit. Plus timide, Mélissa a laissé maman préciser ses activités. »

Tous les ans, un contrôle pédagogique

Loi et circulaire

« *L'autorité de l'État compétente en matière d'éducation doit au moins une fois par an, à partir du troisième mois suivant la déclaration d'instruction par la famille, faire vérifier que l'enseignement assuré est conforme au droit de l'enfant à l'instruction tel que défini à l'article L. 131-1-1.*

Ce contrôle prescrit par l'autorité de l'État compétente en matière d'éducation a lieu notamment au domicile des parents de l'enfant. Il vérifie notamment que l'instruction dispensée au même domicile l'est pour les enfants d'une seule famille.

Ce contrôle est effectué sans délai en cas de défaut de déclaration d'instruction par la famille, sans préjudice de l'application des sanctions pénales.

Le contenu des connaissances requis des élèves est fixé par décret.

Les résultats de ce contrôle sont notifiés aux personnes responsables avec l'indication du délai dans lequel elles devront fournir leurs explications ou améliorer la situation et des sanctions dont elles seraient l'objet dans le cas contraire.

Si, au terme d'un nouveau délai fixé par l'autorité de l'État compétente en matière d'éducation, les résultats du contrôle sont jugés insuffisants, les parents sont mis en demeure, dans les quinze jours suivant la notification, d'inscrire leur enfant dans un établissement d'enseignement public ou privé et de faire connaître au maire, qui en informe l'autorité de l'État compétente en matière d'éducation, l'école ou l'établissement qu'ils auront choisi. »

Article L. 131-10 du Code de l'éducation

Aucun contrôle n'est possible avant au moins deux mois d'instruction à domicile. Généralement, les contrôles pédagogiques donnent lieu à un rapport positif. Si ce n'est pas le cas, un second contrôle est prévu. Si les deux contrôles sont négatifs, une scolarisation peut être exigée. Dans ce cas, n'hésitez pas à solliciter une association pour l'instruction à domicile afin de vous soutenir et vous conseiller.

Hélène, maman d'Aymeric, 9 ans

« Le premier contrôle d'Aymeric a abouti à un rapport négatif. On m'a reproché qu'Aymeric écrive peu et que les supports rédigés soient insuffisants. De plus, des tests mathématiques auraient indiqué un niveau faible d'Aymeric. Je n'étais pas d'accord car si Aymeric n'a pas réussi certains exercices proposés aux enfants de son âge, il sait en réaliser d'autres plus complexes. D'autre part, Aymeric écrit effectivement peu, mais je ne le sens pas prêt pour cet apprentissage, l'écriture est peu évidente pour lui. Pourtant, je propose, mais à l'heure actuelle, si j'insiste, Aymeric se bloque. Je pense qu'il est important de respecter son rythme personnel. J'ai donc décidé de contester le rapport négatif en justifiant mes choix et en reprécisant tout ce qui est mis en œuvre pour instruire Aymeric. Aucun second contrôle n'a été prévu. »

Toutes les familles n'obtiennent pas le même résultat et un second contrôle peut être maintenu. Cependant, une reformulation plus « académique » ou une précision de vos choix pédagogiques permettent parfois de l'éviter.

« *L'acquisition des connaissances et compétences est progressive et continue dans chaque domaine de formation du socle commun de connaissances, de compétences et de culture et doit avoir pour objet d'amener l'enfant, à l'issue de la période de l'instruction obligatoire, à la maîtrise de l'ensemble des exigences du socle commun. La progression retenue doit être compatible avec l'âge de l'enfant et son état de santé, tout en tenant compte des choix éducatifs effectués et de l'organisation pédagogique propre à chaque établissement.* »

Article D. 131-12

« *Le contrôle de la maîtrise progressive de chacun des domaines du socle commun est fait au regard des objectifs de connaissances et de compétences attendues à la fin de chaque cycle d'enseignement de la scolarité obligatoire, en tenant compte des méthodes pédagogiques retenues par l'établissement ou par les personnes responsables des enfants qui reçoivent l'instruction dans la famille.* »

Article R. 131-13

Par conséquent, les familles sont libres de pratiquer les choix pédagogiques qui leur conviennent et de ne pas suivre la progression prévue par l'Éducation nationale. Elles doivent cependant viser « *à l'issue de la période de l'instruction obligatoire, à la maîtrise de l'ensemble des exigences du socle commun* », c'est-à-dire que le socle commun doit normalement être acquis à 16 ans. Depuis fin octobre 2016, les familles doivent également viser les compétences et les connaissances attendues en fin de cycle (fin de cycle 2 : CE2 ; fin de cycle 3 : 6e ; fin de cycle 4 : 3e). Elles n'ont cependant pas l'obligation de suivre le programme et le niveau attendu par classe d'âge donnée.

Le socle commun peut être téléchargé sur le site du ministère de l'Éducation nationale[5]. Il s'articule autour de cinq domaines :

- les langages pour penser et communiquer ;
- les méthodes et outils pour apprendre ;
- la formation de la personne et du citoyen ;
- les systèmes naturels et les systèmes techniques ;
- les représentations du monde et l'activité humaine.

D'autre part, la circulaire du 26 décembre 2011[6] impose au personnel en charge du contrôle de l'instruction d'avertir les familles au moins un mois avant le contrôle prévu :

« La famille est informée par écrit de la date du contrôle, du ou des lieux où il se déroulera et des fonctions de la ou des personnes qui en seront chargées. Cette information lui est adressée au minimum un mois avant la date prévue pour le contrôle. »

Déroulement du contrôle pédagogique

S'il est difficile d'établir des généralités, ces derniers temps on constate de plus en plus de convocations dans les locaux de l'inspection académique. Les personnes en charge du contrôle pédagogique s'en expliquent par le nombre croissant de familles instruisant leur enfant.

5. http://cache.media.education.gouv.fr/file/17/45/6/Socle_commun_de_connaissances,_de_competences_et_de_culture_415456.pdf

6. www.education.gouv.fr/pid25535/bulletin_officiel.html?cid_bo=58902

Jusqu'ici, au niveau primaire, il n'était pas rare qu'un inspecteur d'Éducation nationale (IEN) procède au contrôle pédagogique en venant au domicile, tandis qu'au niveau secondaire les convocations dans les collèges étaient fréquentes. Ces modalités ont été acceptées par un certain nombre de familles quand d'autres ont systématiquement refusé les tests scolaires, *a fortiori* avec convocation dans un établissement scolaire.

Contester les tests ?

Auparavant, contester les tests n'était pas le chemin de la facilité. Les parents refusant la pression d'un contrôle avec tests (un possible rapport négatif peut générer une menace de scolarisation ; or tout enfant peut perdre ses moyens dans une telle situation) rappelaient « *tout en tenant compte des choix éducatifs effectués*[7] » et précisaient qu'ils n'évaluaient pas leurs enfants ou ne voulaient pas que l'enfant s'angoisse à l'idée de tests décisifs à la poursuite de l'instruction et que, par conséquent, ils souhaitaient d'autres modalités pour le contrôle pédagogique. À cause de la circulaire de 2011 – qui déclare que « *l'opposition de la famille aux contrôles pédagogiques prévus par la loi constitue une infraction, que cette opposition se traduise par un refus du contrôle ou par des entraves manifestes à son déroulement. Une telle situation justifie que l'inspecteur d'académie la signale au procureur de la République* » –, des familles ont été menacées ou signalées. Les signalements ont été classés sans suite, mais il est évident que cette situation n'était pas facile à vivre pour les familles prêtes à se battre pour préserver les droits de leur enfant.

« *Lorsque l'enfant reçoit une instruction dans la famille, le contrôle de l'acquisition des connaissances et compétences prescrit par l'autorité de l'État compétente en matière d'éducation se déroule sous la forme d'un entretien avec les personnes responsables de*

7. Article D.131-12.

l'enfant soumis à l'obligation scolaire, le cas échéant en présence de ce dernier. Les personnes responsables de l'enfant précisent notamment à cette occasion la démarche et les méthodes pédagogiques qu'elles mettent en œuvre. L'enfant effectue ensuite des exercices écrits ou oraux, adaptés à son âge et son état de santé, destinés à apprécier ses acquisitions dans le cadre fixé aux articles D. 131-12 et R. 131-13. »

Article R. 131-14

Fin octobre 2016, un décret a été pris par le Premier ministre : des exercices écrits ou oraux sont à présent imposés.

Désormais, si vous êtes un parent sans école, vous pouvez rappeler que seuls les cycles (2, 3 et 4) sont imposés et que les programmes des classes d'âge concernent votre enfant uniquement si vous le souhaitez. De plus, vous pouvez rappeler que « *les choix éducatifs effectués* » sont toujours d'actualité. Par conséquent, les méthodes d'apprentissage peuvent être différentes des méthodes en cours ; il apparaît donc comme légitime que les personnes en charge du contrôle en tiennent compte.

Notre expérience avec deux filles, de 15 et 18 ans

« Dès la première année, nous avons refusé les tests. Pour nous, il n'était pas question de faire peser sur les épaules de nos enfants le devenir de notre choix familial. Durant plusieurs années, lors des contrôles, nous échangions donc autour de nos supports. L'une de nos filles aimait ces contrôles, elle aimait retrouver "son" inspecteur, lui présenter ce qu'elle avait réalisé, tandis que notre autre fille restait discrète. Au niveau collège, nous avons refusé une convocation dans un collège et, comme le ton se durcissait, nous avons cédé et nous l'avons amèrement regretté. Une de nos filles a ensuite été bloquée dans ses apprentissages tandis que l'autre a perdu ce jour-là tout appétit pour les mathématiques. Auparavant elle les adorait, mais une enseignante a souhaité lui démontrer que son mode de fonctionnement (avec résultats toujours justes) était erroné... L'enseignante croyait bien faire, mais elle se basait sur des méthodes scolaires qui ne correspondaient pas au mode d'apprentissage de notre enfant.

Depuis, l'aînée a obtenu le bac sans école. Quant au dernier contrôle de notre fille cadette, il s'est déroulé sans test et dans une atmosphère respectueuse. »

Si notre expérience des tests fut négative, ce n'est pas le cas de toutes les familles et certains apprécient de pouvoir se situer par rapport à un niveau scolaire. Tout dépend également des choix effectués. Ici, nous n'avons pas cherché à suivre le programme et encore moins les méthodes de l'Éducation nationale, qui ne pouvaient donc rendre compte du niveau nos filles et de leurs connaissances.

Dans tous les cas, n'oubliez pas que nul n'est tenu à la perfection. Les enfants scolarisés changent de cycle sans maîtriser absolument tout ; pourquoi devrait-il en être autrement pour les enfants sans école ?

L'essentiel à retenir

Instruire son enfant est un droit. Aucune autorisation n'est nécessaire.

Tous les deux ans, un contrôle de la mairie est prévu afin de connaître les raisons de ce choix et de vérifier qu'il y a bien instruction.

Tous les ans, un contrôle pédagogique vise à vérifier qu'il y a progression. Les choix pédagogiques pour parvenir au socle commun sont cependant libres.

CHAPITRE 2

POURQUOI CHOISIR L'INSTRUCTION À DOMICILE ?

Au programme

- Un choix de vie réfléchi
- Un choix imposé par les circonstances
- Un choix centré autour de l'enfant
- Réintégrer l'école ?
- L'essentiel à retenir

Les familles qui optent pour l'instruction à domicile sont très différentes :

- par leur composition : familles nombreuses, familles « classiques » deux parents/deux enfants, familles monoparentales, familles recomposées ou même familles homosexuelles, tous les schémas familiaux sont présents ;
- par leurs choix pédagogiques : en allant de la recherche de l'excellence à la priorité de l'épanouissement pour l'enfant, en passant par des cours par correspondance à un refus de méthode ;
- par leur mode de vie : familles itinérantes, familles sédentaires ou familles appréciant les voyages ;
- par leurs ressources financières : familles avec de bons revenus, des revenus modestes ou familles au RSA.

De la même manière, les raisons de ces choix diffèrent. Ainsi, des familles ont longuement réfléchi, hésité parfois, tandis que pour d'autres l'instruction à domicile était une évidence.

Un choix de vie réfléchi

Depuis toujours, des enfants grandissent sans école. Pendant longtemps, ce fut même la norme. Au fil des années, depuis que l'instruction est obligatoire (1882[8]), l'école est devenue la nouvelle norme. Pourtant, des enfants grandissent toujours sans école, parfois quelques années, parfois durant toute l'instruction obligatoire puisqu'il est tout à fait possible de passer des examens – dont le bac – sans aller à l'école. Il est également possible de rencontrer d'anciens enfants non scos qui ont fait le choix de ne pas scolariser leurs enfants afin de leur permettre d'apprendre autrement.

Dans les groupes IEF[9], on rencontre des personnes aux horizons très différents. On découvre ainsi des familles qui ont choisi d'instruire leur enfant bien avant sa naissance, d'autres qui y pensent alors que l'enfant est encore tout petit. Les parents s'informent, ils lisent, regardent des vidéos et rencontrent des familles pratiquant l'instruction à domicile. Depuis quelque temps, le film *Être et Devenir*[10] suscite beaucoup d'intérêt et bien des parents ont envisagé l'expérience de l'instruction à domicile après l'avoir vu. Ce film évoque les apprentissages autonomes mais, comme nous le verrons au chapitre 5, il n'existe cependant pas une seule façon d'instruire son enfant.

8. www.senat.fr/evenement/archives/D42/1882.html
9. IEF : Instruisant En Famille.
10. Film de Clara Bellar sorti en 2013.

Audrey et Kévin, parents d'un bébé de 1 an

« Nous sommes devenus parents il y a un an et puis nous avons vu *Être et devenir* et nous avons commencé à nous interroger. Avant, l'école nous semblait évidente et maintenant pas du tout ! En fait, une fois qu'on a commencé à s'interroger, on ne s'arrête plus ! Alors maintenant, nous regardons toutes les vidéos, tous les livres que nous pouvons trouver et nous pensons que notre petit garçon n'ira pas à l'école... du moins pas avant longtemps ! »

Enfin, certaines familles avaient choisi l'école et puis, au fil des années, ce choix leur a de moins en moins convenu et ils ont souhaité tenter une autre forme d'instruction. Le choix n'en est pas moins réfléchi, ils ont pris le temps d'y penser et, sans que l'enfant ait des difficultés particulières, ils se sont lancés.

Et vous, pourriez-vous être l'un d'entre eux ? Je vous propose un test pour réfléchir à la question.

Test 1 : Vous sentez-vous proche des raisons d'instruire en famille ?

Cochez les cases vous correspondant.

Idées	Vrai	+ ou -	Faux
1. Je veux que mon enfant apprenne à son rythme personnel et unique qui n'est pas forcément celui de l'école.			
2. J'ai envie que mon enfant apprenne avec une autre pédagogie : Charlotte Mason, Maria Montessori, etc.			
3. Le programme scolaire en vigueur me semble inintéressant, soit parce que les apprentissages me semblent « décousus » ou programmés de manière illogique, soit parce qu'ils me semblent rester « en surface » alors que je souhaite que mon enfant puisse approfondir.			
4. Je souhaite que mon enfant puisse créer autant qu'il le souhaite.			

.../...

5. Je souhaite que mon enfant puisse vivre ses passions sans être limité par un temps scolaire.			
6. Je souhaite valoriser les apprentissages par le jeu car je pense qu'un enfant apprend beaucoup par le jeu.			
7. Je pense que les évaluations sont inutiles et démoralisantes.			
8. Je n'ai pas envie que mon enfant subisse des jugements cassants de la part de certains enseignants.			
9. Être privé de récréation n'est pas normal, je ne veux pas que ce soit le cas pour mon enfant.			
10. Je veux que mon enfant apprenne dans une ambiance détendue et je pense que ce n'est pas possible à l'école.			
11. Je pense qu'il y a trop de compétition et de comparaison en classe.			
12. Je pense que l'école détruit le goût d'apprendre et je souhaite que mon enfant le conserve en apprenant autrement.			
13. Je souhaite que nous prenions des vacances dès que le besoin est là.			
14. Je souhaite laisser mon enfant dormir le matin et se reposer lorsqu'il est malade, sans devoir ensuite mettre les bouchées doubles pour compenser le retard.			
15. Je pense que l'intimité d'un petit est importante et je ne souhaite pas qu'il partage des toilettes communes ou soit obligé d'aller aux toilettes à des heures précises.			
16. Je souhaite que mon enfant bouge toutes les fois où il en a besoin, qu'il ne soit pas obligé d'apprendre assis.			
17. Je souhaite transmettre mes valeurs.			
18. Je souhaite partager des apprentissages avec mon enfant. Je souhaite renforcer le lien entre nous, mieux le connaître.			

.../...

19. Je souhaite que mon enfant apprenne pour lui-même, qu'il s'investisse dans ce qu'il fait et non qu'il le fasse pour obéïr.			
20. Je souhaite que mon enfant découvre qui il est sans pression, sans avoir le sentiment de devoir coller à une « norme », en particulier à l'adolescence.			
21. Je souhaite que mon enfant soit un libre-penseur.			
22. Je souhaite partir en vacances lors des périodes creuses avec plus de temps, moins de touristes et de meilleurs tarifs.			
23. Je souhaite voyager avec lui dès que nous le pouvons.			
24. Je souhaite saisir avec lui chaque occasion ordinaire (un hérisson qui traverse la cour) ou extraordinaire (de la neige, une exposition, etc.). Je souhaite pouvoir modifier notre emploi du temps au gré de nos envies et de nos besoins.			
25. Je souhaite que mon enfant puisse apprendre partout. Je souhaite que mon enfant puisse changer de pièce ou de lieu, qu'il sache qu'on peut apprendre n'importe où !			

Si vous avez répondu « vrai » aux questions 1 à 3 et 16 mais que vous ne vous sentez pas prêt pour l'instruction à domicile, une école alternative peut vous intéresser. Parfois, ces écoles offrent également une réponse positive aux questions 4, 6 à 12, 15, 16, 19 et 21. Différents sites vous permettront de vous informer au sujet de ces écoles alternatives[11].

Si vous avez coché une grande majorité de « vrai » aux différentes propositions, l'instruction à domicile semble être une option à considérer. Dans la suite de l'ouvrage, vous trouverez d'autres pistes à explorer afin de vous aider à prendre votre décision.

11. Par exemple :
http://creer-son-ecole.com/choisir-son-ecole/annuaire-des-ecoles-independantes
et http://apprendreavecbonheur.blogspot.fr/search/label/Ecoles%20alternatives

Quel que soit votre choix, n'oubliez pas qu'il n'est pas définitif. Toutes les familles instruisant leurs enfants n'ont pas pris cette décision en quelques minutes ou quelques semaines, parfois il faut plusieurs années avant d'oser se lancer. De plus, le choix de scolariser peut être étroitement lié à l'âge de l'enfant. Ainsi certains parents pensent qu'il est trop tôt pour scolariser un tout petit de 2 ans ou même un enfant de moins de 6 ans. En effet, l'école maternelle est une particularité française qu'on ne retrouve pas dans tous les pays. Un petit enfant a avant tout besoin de sécurité intérieure et certains parents estiment que ce n'est pas possible à l'école où les bousculades règnent, où on trouve un ou deux adultes pour vingt à trente enfants et où il ne leur semble donc pas possible d'accorder à l'enfant l'attention dont il a besoin. Ces parents scolarisent parfois à 6 ans, à l'âge où l'instruction devient obligatoire. Quelquefois, c'est un regard plus critique envers l'Éducation nationale qui est déterminant tandis que le désir de suivre le rythme de l'enfant, de préserver son bonheur d'apprendre devient plus fort.

Une famille peut alors poursuivre l'instruction à domicile durant toute la période d'instruction obligatoire, et au-delà, ou ne pas scolariser durant plusieurs années puis inscrire son enfant dans une école.

Marie, maman de quatre enfants

« L'école, ça ne nous convenait pas. Les rythmes non respectés des enfants, les punitions, les évaluations et puis les bousculades, non, pas question de scolariser. Et puis nous avons déménagé, j'ai commencé un nouveau travail et nous avons trouvé une super école. Nous avons inscrit les enfants, même si c'est pas parfait, les enfants s'y plaisent. »

Être tenté, se sentir concerné par les raisons évoquées ci-dessus ne suffit pourtant pas toujours pour se décider. Comment savoir si ce choix est pour nous ?

Test 2 : Quelles sont vos raisons de ne pas franchir le pas ?

Cochez les cases vous correspondant.

Idée	Vrai	+ ou -	Faux
1. Mon enfant adore son école !			
2. Il faut vivre en groupe pour être socialisé. Sans école, ça n'est pas possible.			
3. Mon enfant a besoin de voir tous les jours d'autres enfants.			
4. J'ai peur que mon enfant ne soit isolé.			
5. Mon enfant a besoin d'un cadre, il a besoin qu'on lui dise quoi faire et je crains de ne pas y parvenir.			
6. Je n'ai pas le niveau pour lui apprendre !			
7. Je veux que mon enfant puisse avoir un excellent niveau et je ne pourrai pas suivre.			
8. Je n'aurai pas le temps.			
9. Il ne faut pas surprotéger les enfants.			
10. Je n'aurai jamais la patience !			

Pistes de réflexion après le test

« Mon enfant adore son école ! »

Si vous avez répondu « vrai », peut-être vaut-il mieux effectivement que votre enfant reste à l'école. Pas plus que l'école, vivre l'instruction à domicile n'est obligatoire. Si, malgré tout, vous souhaitez tenter l'expérience, pourquoi ne pas lui proposer et vous décider en fonction de sa réaction ? Si ce n'est pas possible aujourd'hui, cela lui conviendra peut-être plus tard.

« Il faut vivre en groupe pour être socialisé. Sans école, ça n'est pas possible. »

Est-ce que toutes les personnes scolarisées sont sociables ? Si, malgré cette crainte, vous êtes tentés, pourquoi ne pas rencontrer des personnes non scolarisées ou d'anciens non scos ?

Être sociable, c'est avant tout parvenir à bien se comporter en société ; or ces valeurs sont essentiellement apprises en famille.

« Mon enfant a besoin de voir tous les jours d'autres enfants. »

Votre enfant est-il enfant unique ? Si non, dans les faits, il verra tous les jours d'autres enfants : son ou ses frère(s) et sœur(s). S'il est enfant unique ou s'il a besoin de plus, proposez-lui de rencontrer des voisins, des enfants de la commune, inscrivez-le à des activités régulières.

Parfois cependant ce n'est pas un vrai besoin, mais le sentiment qu'il faut voir d'autres enfants tous les jours puisque c'est ce qui se passe à l'école. Essayez de voir quels sont les véritables besoins de votre enfant : voir d'autres enfants ou bien simplement rencontrer d'autres personnes (enfants ou adultes) tous les jours, toutes les semaines, régulièrement ?

Et s'il a vraiment besoin de voir tous les jours d'autres enfants, qu'il n'est pas possible de rencontrer très souvent voisins, camarades non scos ou scolarisés ; si ce besoin n'est pas comblé par l'instruction à domicile, discutez avec lui pour voir si d'autres besoins plus importants sont satisfaits avec le choix de l'instruction à domicile afin de choisir entre école et IEF.

« J'ai peur que mon enfant ne soit isolé. »

Quelles activités pouvez-vous lui proposer ? Est-ce vous qui avez peur qu'il soit isolé ou lui ? Un certain nombre de parents instruisant leur enfant craignent qu'il ne se sente isolé alors que, dans les faits, certains enfants ou ados sont heureux ou se satisfont de l'équilibre qui est le leur : ils ont des amis qu'ils ne voient pas forcément tous les jours, ils rencontrent régulièrement différentes personnes avec qui ils échangent, ils ont des contacts quotidiens grâce aux portables ou ordinateurs. Si vous avez le sentiment que votre enfant est isolé ou si c'est une de vos craintes, parlez-en avec lui et voyez ce qui importe le plus pour lui. Si apprendre autrement est plus important que voir d'autres enfants souvent, mais que la solitude lui pèse, essayez de voir quelles activités il peut réaliser, comment il peut rencontrer des enfants ou adultes : l'âge est un critère sélectif uniquement à l'école, ce n'est le cas ni en instruction à domicile, ni à l'âge adulte. Et si l'isolement est trop fort, si le besoin d'aller à l'école prime, écoutez-le.

« Mon enfant a besoin d'un cadre, il a besoin qu'on lui dise quoi faire et je crains de ne pas y parvenir. »

Certains enfants ont besoin qu'on les guide pour tous leurs apprentissages, c'est en particulier vrai pour les enfants qui ont grandi avec l'habitude qu'on leur dise ce qu'il faut faire. Votre enfant a-t-il réellement besoin d'un cadre ou bien a-t-il l'habitude qu'on lui indique ce qu'il doit réaliser ? Donnez-lui le temps d'apprendre à s'occuper seul, à se prendre en charge quitte à l'accompagner tant qu'il en a besoin, tout en encourageant son autonomie peu à peu.

Si, malgré tout, cela vous angoisse ou que c'est important pour votre enfant, il est possible d'utiliser des cours par correspondance ou des cours particuliers ou de faire appel à une personne de l'entourage qui saura comment l'aider à gérer ses apprentissages.

« Je n'ai pas le niveau pour lui apprendre ! »

La crainte du niveau est récurrente, pourtant un certain nombre d'apprentissages (enfantins ou adultes) ont lieu sans que personne d'extérieur n'intervienne. Plus l'enfant grandit, plus il est capable d'apprendre et de chercher des supports d'apprentissage seul. Gardez toutefois un œil dirigé vers lui car, parfois, l'enfant veut montrer qu'il parvient à gérer seul son apprentissage alors que c'est compliqué pour lui et, quelquefois, il suffit que l'adulte montre son intérêt et donne un coup de pouce pour le choix d'un support ou bien qu'il regarde ce qui est fait en se servant des fichiers correctifs. Et si, à un moment donné, l'enfant ne parvient pas à apprendre ce dont il a besoin, il est toujours possible d'avoir recours à des intervenants extérieurs ou à des cours par correspondance.

« *Je veux que mon enfant puisse avoir un excellent niveau et je ne pourrai pas suivre.* »

Certains cours par correspondance permettent de viser l'excellence. L'enfant parvient même à avoir du temps pour explorer d'autres domaines que ses cours et peut ainsi s'avancer pour ses projets futurs.

« *Je n'aurai pas le temps.* »

Pourquoi ou pour quoi n'auriez-vous pas le temps[12] ? Certains parents instruisent leurs enfants et travaillent tous les deux, ce n'est pas toujours évident, mais c'est une possibilité. Dans ce cas, ils font appel à une personne extérieure, paient des cours par correspondance, pratiquent le *unschooling*[13] ou bien s'organisent autrement.

« *Il ne faut pas surprotéger les enfants.* »

Instruit en famille ou pas, l'enfant n'est pas enfermé dans une bulle, il vit des moments difficiles indirectement ou directement. Certes, il ne connaîtra pas la compétitivité de l'école, mais celle-ci existe également dans certains clubs sportifs. D'autre part, aucun parent ne souhaite que son enfant connaisse le harcèlement scolaire. L'enfant non scolarisé pourra également connaître certains rejets, en particulier à l'adolescence, parce que ce choix de grandir sans école ne sera pas compris. À moins

12. Cette idée de la gestion du temps sera développée dans le chapitre 6.

13. Il s'agit du refus d'imposer un apprentissage à un enfant. L'enfant apprend de manière autonome en fonction de ce qui l'intéresse et répond, ou non, aux propositions de son parent.

de vivre coupé de tous, l'enfant ou l'ado non sco ne grandira donc pas dans une bulle.

« Je n'aurai jamais la patience ! »

Nous sommes nombreux à avoir constaté que nous avions plus de patience pour accompagner notre enfant instruit en famille que pour accompagner notre enfant lors des leçons ! En effet, les leçons ont lieu chaque soir alors que l'enfant est fatigué et que la journée est déjà bien avancée. C'est rarement le moment idéal pour chaque membre de la famille. De plus, il ne s'agit pas de suivre le rythme de l'enfant : que l'enfant soit prêt ou non, il doit retenir telle ou telle notion y compris si, là encore, ce n'est pas le bon moment pour lui ; les mouvements d'agacement ne sont donc pas rares. En instruisant son enfant, on apprend à construire un autre rapport au temps et surtout un autre rapport à son enfant, et la patience est plus souvent au rendez-vous.

Cependant, nous ne sommes pas tous dotés d'une solide patience. Perdre patience n'est pas un drame si on l'explique à l'enfant. Parfois, des familles se trouvent en difficulté lorsque :

- le parent est pressé que l'enfant sache faire ceci ou cela alors que l'enfant n'est pas prêt ;
- le parent craint de ne pas être à la hauteur et il ne se donne pas le temps d'apprendre à accompagner autrement ;
- les pressions de l'entourage sont vécues comme une impatience pesante, ce qui influe sur le comportement du parent.

Dans tous les cas, il est important de s'autoriser le droit à l'erreur : l'enfant apprend aussi quand son parent est imparfait.

Un choix imposé par les circonstances

Dans certains cas, la décision de l'instruction à domicile s'impose. Harcèlement scolaire, fermeture de l'école locale, difficultés avec l'enseignant, profil particulier…, les raisons sont multiples. Parfois, les parents et enfants ont le temps d'en discuter ensemble et, parfois, il faut agir vite.

Dans tous les cas, la décision n'est pas facile… La famille peut avoir le sentiment d'un non-choix, elle peut ressentir une forte culpabilité. Il importe alors de se réconcilier avec soi-même : si le système scolaire n'est pas adapté à l'enfant, ce n'est la faute ni de l'enfant ni des parents.

Un choix momentané

Souvent, la famille décide que le choix sera momentané, mais généralement, elle ignore combien de temps l'expérience sera nécessaire. En effet, un choix non réellement anticipé peut être pris pour bien des raisons : l'enfant n'a pas obtenu de place dans l'établissement scolaire privé qui avait été choisi, l'école locale ferme et les parents saisissent cette occasion de vivre autre chose.

Autre raison : l'enfant est en souffrance. Cette souffrance peut être relativement modérée, car l'école n'a pas su s'adapter à lui, ou très importante. Une année ou deux d'IEF suffisent parfois ; dans d'autres cas, il faut beaucoup plus de temps. Il n'est pas rare qu'un enfant à haut potentiel et/ou dyslexique soit en souffrance à l'école, certains vont jusqu'à vivre une dépression alors qu'ils sont très jeunes.

Rozanna, maman de Zoé, 8 ans

« Ma fille a suivi une scolarité traditionnelle, je ne savais pas que l'école n'était pas obligatoire. Quand elle était malade, le message véhiculé par le corps enseignant fut : "La vie est dure, elle doit s'adapter, malade ou pas, mal accueillie ou pas, l'école est obligatoire, vous êtes dans l'obligation de la mettre tous les jours en classe." Puis, j'ai appris l'existence de l'IEF. L'école allait mal, le niveau était lamentable, la violence ordinaire parmi les enfants et de la part du corps enseignant. Je déprimais. Malgré les commentaires décourageants de mon entourage, nous avons fait un essai avec Ker Lann (cours par correspondance). Cette année nous a permis de nous retrouver, de nous reposer, de faire des sorties, d'aller à son rythme, de faire des voyages, de nous avancer sur le programme. Mais, ma fille, détectée HP (haut potentiel), manquait à ses copines. Elle a voulu réintégrer l'école. Je n'ai pas le droit d'aller à l'encontre de ses désirs raisonnablement exprimés et objectivement soutenus. Nous avons visité deux écoles privées et elle a fait son choix au profit de l'une d'elles. Nous avons été très bien accueillies. Elle va sauter une classe. Finalement, en six mois, nous avons fait CE1 et CE2. Chaque individu est différent. Il faut qu'on s'accepte comme on est. Si jamais Zoé exprime le souhait de refaire une année d'IEF, j'y serai ouverte. Je suis mes enfants, je les accompagne. »

De son côté, un enfant victime de harcèlement scolaire peut avoir besoin de quelques mois ou années pour digérer la souffrance vécue. De la même façon, un enfant malade peut être déscolarisé le temps de se soigner puisqu'il lui est très difficile d'être assidu en classe. Un autre enfant, autiste, devrait normalement être accepté dans une école mais le personnel en place explique qu'il manque de moyens, et la scolarisation est limitée ou pas effective. Dans les cas extrêmes de situations justifiant une difficulté ou une impossibilité à scolariser, le CNED réglementé[14] est normalement accordé. Cependant, les personnes en charge de l'enfant sont tout à fait libres de choisir une autre solution, un autre cours par correspondance ou encore d'instruire elles-mêmes leur enfant ou d'avoir recours à une personne extérieure.

Toutefois, lorsque ce choix est envisagé pour un temps limité, il s'assortit généralement d'un choix de cours par correspondance.

14. Plus d'informations dans le chapitre 5.

Jérôme, 13 ans

« J'ai détesté l'école. Considéré comme un mauvais élève, incapable de me concentrer, je perturbais régulièrement la classe en discutant avec mes voisins ou en jetant des boules de papier à travers la pièce. Mes résultats scolaires étaient considérés comme médiocres. J'ai été déscolarisé au niveau collège, et les cahiers d'exercices me semblaient tout aussi démotivants. Mes parents ont fait un choix radical et m'ont proposé des films historiques, des documentaires, des jeux... Ils m'ont laissé libre de choisir mes lectures et m'ont proposé de réaliser un projet personnel. J'ai choisi d'imaginer une piscine naturelle. J'ai cherché et collecté des informations sur le net, tracé des plans, mesuré, réfléchi à l'emplacement idéal, je me suis informé sur les plantes pouvant être utilisées... Et puis j'ai réalisé ma piscine.

Après deux années passées à la maison, j'ai décidé d'intégrer une maison familiale où les apprentissages scolaires sont moins importants et où je pouvais également m'exercer à la vie active. Aujourd'hui, j'ai constaté que je suis capable de mener à son terme un projet, que je ne suis pas "idiot" ni "ingérable". »

Lorsque l'enfant a découvert qu'il était possible d'apprendre autrement et qu'il a constaté que ses parents entendaient sa souffrance et essayaient de répondre à ses besoins, l'expérience a été positive.

Marielle, maman de trois enfants de 5, 8 et 9 ans

« Quand l'école du village a fermé ses portes, nous avons inscrit nos enfants dans l'école à côté, mais deux enseignants étaient très autoritaires. Nos enfants avaient mal au ventre en allant à l'école. Il faut dire que mes enfants sont dyslexiques. Les enseignants disaient qu'ils étaient fainéants, ils leur disaient qu'ils étaient nuls. Les enfants pleuraient alors nous avons eu envie de tenter l'école à la maison.

Mais j'avais aussi un bébé, et c'était compliqué de gérer tout le monde... Alors, après un an qui leur a quand même permis de retrouver confiance en eux, nous avons choisi une autre école, privée. Les enfants s'y plaisent et je me dis qu'un jour, peut-être, je leur proposerai encore l'école à la maison. »

Parfois, la famille aurait aimé prolonger ce choix et n'y est pas parvenue. Les parents se sont sentis isolés, ils ont craint de ne pas être à la hauteur et, dans ce cas, un sentiment d'échec est parfois ressenti. Ce n'en est pourtant pas un : ils ont entendu l'enfant et ont cherché une autre solution. Mais grandir avec son enfant, choisir de longue date l'instruction à domicile et voir comment on peut avancer avec lui n'est pas tout à fait la même chose que de se trouver tout à coup projetés dans un univers qui était encore méconnu peu avant ! Et puis, s'il y a souffrance, il faut pouvoir la digérer, se pardonner parfois de ne pas l'avoir vue avant.

Mes conseils

Ne restez pas isolés, *a fortiori* si votre enfant a souffert. Il existe des groupes à thèmes sur Facebook ou des pôles spéciaux dans différentes associations, notamment chez CISE[15]. D'autres parents sont passés par les mêmes doutes, les mêmes sentiments que vous, ils ne vous jugeront pas, ils comprendront.

Donnez du temps à votre enfant et à vous pour trouver vos nouvelles marques, pour digérer une souffrance. Parfois quelques mois suffisent, parfois plusieurs années sont nécessaires, surtout si l'enfant a un profil particulier et plusieurs années de souffrance scolaire derrière lui.

Un choix de longue durée

Alors que le choix a été dicté par les circonstances, il n'est pas rare que les familles continuent l'instruction à domicile pendant plusieurs années ou bien même que l'enfant effectue ainsi toute la période d'instruction obligatoire. En effet, une expérience à la maison peut tellement convenir à toute la famille que celle-ci se met alors à réfléchir, et il n'est pas rare que les raisons évoquées par les familles « choix de vie réfléchi » deviennent également celles d'une famille pour qui le choix s'est imposé.

15. CISE : Choisir d'Instruire Son Enfant (association nationale sur l'instruction à domicile).

Ainsi, les parents s'aperçoivent que l'enfant apprend mieux lorsqu'il suit son propre rythme et que ses difficultés ne sont plus un obstacle à ses apprentissages. Certes, l'enfant a besoin d'adaptation, les difficultés réelles et durables ne disparaissent pas, mais l'enfant peut apprendre autrement, en suivant ses propres besoins. Les moments d'apprentissage ne sont alors plus un moment de souffrance mais donnent lieu à des moments de bonheur. Les points forts de l'enfant sont également favorisés. Par exemple, si l'enfant peine à lire, on peut lui proposer d'utiliser d'autres médias comme des visites ou des vidéos afin d'apprendre, de développer sa culture et de nourrir ses intérêts. L'enfant n'est pas « le nul de la classe » mais un enfant intelligent capable d'avoir des connaissances et des compétences. Il n'est pas rare de s'apercevoir que les difficultés s'atténuent alors. Lorsque l'enfant n'est pas dyslexique ou autiste par exemple, ses problèmes peuvent même disparaître puisqu'il apprend à son rythme et sans jugement invalidant.

Ainsi, un enfant de la fin d'année ou dont le rythme personnel est un peu plus lent en apparence peut prendre le temps de grandir. Lorsqu'ils constatent des progrès différents des prévisions scolaires mais inhérents à l'enfant, des parents choisissent régulièrement de ne pas se précipiter chez un spécialiste et de lui donner l'occasion d'évoluer à son rythme. Très souvent, les apparentes difficultés disparaissent spontanément. Dans le cas où l'enfant a un profil particulier, il est toujours possible de s'adapter. Mais si l'enfant n'a pas encore envie de lire, un certain nombre de parents ne considèrent pas que cela soit un problème, et ils permettent à leur enfant de découvrir la lecture sans le forcer, en temps et en heure pour cet enfant.

Antoine, 10 ans

« À l'école, quand j'étais en CP, l'enseignante s'inquiétait de mes difficultés d'intégrer les codes de la lecture. Elle parlait d'un orthophoniste, que j'étais peut-être dyslexique. Moi, je pensais surtout à jouer. L'école, j'aimais pas ça.

J'étais triste. Ma maman a choisi de me déscolariser : elle se disait qu'une année loin de l'école ce serait bien, que j'allais apprendre à lire avec elle. Après tout, elle était enseignante avant de rester avec nous. Mais je n'avais toujours pas envie de lire. Maman en a parlé sur une liste d'instruction à domicile où on lui a conseillé de lâcher prise. J'avais alors 9 ans et, aujourd'hui, je lis comme les autres enfants de mon âge. »

Que ce soit lié à un profil particulier, qu'il n'ait simplement pas aimé l'école ou bien qu'il y ait vécu des moments très difficiles, l'enfant ne souhaite parfois plus retourner à l'école. Il désire continuer d'apprendre en dehors des sentiers scolaires. En effet, il apprécie d'apprendre sans pression enseignante, dans le calme, sans chahut dans la classe.

Parfois, c'est un choix parental : les parents pensent que l'Éducation nationale n'est pas en accord avec leurs valeurs ou ils sont découragés par le niveau scolaire proposé. En déscolarisant leur enfant, ils ont eu l'occasion de regarder le programme en vigueur, les supports utilisés habituellement et ce qu'ils ont découvert ne leur a pas convenu. Un certain nombre de parents déplorent ainsi que les manuels soient de plus en plus « simplistes » et n'hésitent pas à se tourner vers des manuels anciens jugés plus exigeants et plus complets. Pour découvrir ces manuels, ils vont vers les sites de vente d'occasion : les magasins comme Emmaüs ou les sites Internet comme Le Bon Coin[16] ou Price Minister[17] ou encore vers un site[18] où différents manuels anciens sont disponibles.

Sans avoir recours à ces supports ou bien de manière épisodique, d'autres parents découvrent les nombreuses voies pédagogiques possibles ; et si certains optent pour une méthode particulière (pédagogie Charlotte Mason ou Montessori essentiellement[19])

16. www.leboncoin.fr
17. www.priceminister.com
18. http://manuelsanciens.blogspot.fr
19. Voir chapitre 7.

qu'ils s'efforcent d'appliquer à la maison, d'autres piochent ici et là et imaginent une pédagogie unique pour leur enfant.

D'autres, enfin, sont interpellés par les apprentissages autonomes et décident de centrer l'instruction autour de leur enfant.

Un choix centré sur l'enfant

Lorsqu'on choisit l'instruction à domicile, on s'interroge : quel est le meilleur moyen d'accompagner son enfant ? Est-ce que l'école peut répondre à ses besoins ? Est-ce que l'instruction à domicile est la réponse ? Est-ce une réponse provisoire ou durable ?

Dans certaines familles, comme pour la quasi-totalité des enfants scolarisés, seuls les parents décident : soit ils considèrent que le parent est le plus à même de prendre cette décision, soit ils refusent qu'une quelconque pression soit exercée sur l'enfant et ils ne veulent pas que celui-ci se sente responsable si l'expérience ne fonctionnait pas.

Dans un bon nombre de familles, cette décision est cependant prise en famille et, dès que l'enfant peut s'exprimer, on lui demande son avis. Ainsi, lorsque l'enfant exprime son désir d'aller à l'école, les adultes l'entendent. Certains parents proposent alors de visiter l'école, d'écouter le récit d'autres enfants afin de vérifier que ce choix peut convenir à leur enfant.

Lison, 15 ans

« J'apprends en famille depuis toujours mais aujourd'hui que je suis adolescente, je trouve qu'il est plus difficile d'avoir des amis puisque mes anciens amis sont partis à l'école, que le fil s'est distendu et qu'il n'y a plus d'ados de mon âge dans le groupe non sco. J'ai donc visité plusieurs lycées lors des journées portes ouvertes du début d'année. Après la première visite, j'ai trouvé que le lycée sentait le renfermé. Dans le second lycée (public), j'ai remarqué qu'on me regardait comme un OVNI, à cause de mon style vestimentaire personnel. Contrairement à tous les autres, je ne porte ni jean ni slim. J'ai aussi été choquée par les portes qui se fermaient à clé quand on passe l'ASSR… Et quand les enseignants ont insisté sur les contrôles fréquents, c'était la goutte d'eau et je me suis dit que je préférais apprendre librement ! Après le bac, j'irai à la fac : là, au moins, je ne serai pas enfermée ! »

Si ces visites, ces discussions, la possibilité d'aller dans un établissement suffisent à certains enfants pour choisir d'apprendre encore à la maison, d'autres désirent partir à l'école, en particulier lorsqu'ils sont ados ou qu'ils ont des camarades scolarisés et qu'on leur répète : « Mais pourquoi tu n'es pas à l'école ? C'est chouette l'école ! Tu apprends plein de choses ! »

Sabrina, maman d'un enfant de 5 ans

« Notre fille, Sophia, a plusieurs copines qui vont à l'école. Elle a tellement insisté pour tenter l'école que nous avons finalement accepté. Les deux premiers jours, Sophia est rentrée absolument ravie : elle avait plein d'amis et "l'école, c'était trop bien !" Et puis Sophia a de moins en moins parlé de l'école… La deuxième semaine, Sophia a pleuré plusieurs fois en s'endormant, elle a dit qu'une de ses copines ne l'aimait plus… Elle a dit aussi que ce n'était pas drôle car elle ne pouvait pas bouger en classe. À la fin de la deuxième semaine, Sophia, pourtant réconciliée avec sa copine, a demandé de ne plus aller à l'école parce que "c'est même pas vrai qu'on apprend plein de choses, je peux pas apprendre ce que je veux". »

Toutes les expériences de scolarisation ne sont pourtant pas négatives. Si le choix de l'enfant est lié à des motivations internes et non à une pression ressentie, l'enfant ou le jeune est généralement capable de gérer les inconvénients qu'il peut percevoir en allant à l'école.

Léa, 14 ans

« Après trois ans d'instruction à domicile, j'ai demandé à rejoindre un lycée parce j'aimais apprendre à la maison mais regrettais de ne pas avoir plus d'amis, et puis je craignais de ne pas parvenir à me préparer au bac en restant à la maison (même si j'ai réussi le brevet en candidate libre). Rapidement, je me suis fait des tas d'amis. Même si j'ai regretté la quantité de leçons demandées chaque jour et me suis sentie moins libre dans mes apprentissages, je ne regrette pas d'aller désormais au lycée. Et puis je sais qu'en cas de souci ou désir de revenir à la maison, ce sera toujours possible. »

Parfois, l'enfant alterne entre instruction à domicile et école. Certains enfants ont ainsi vécu quelques années à la maison, puis quelques années à l'école, et encore quelques années à la maison avant de retourner à l'école. Dans ce cas, la principale raison pour un retour à l'école est généralement le manque de rencontres avec d'autres enfants de leur âge. Ils ont souvent des amis, mais ils les voient trop peu, et ils ont besoin d'une vie en communauté, au moins durant un temps.

Alice, 16 ans

« Jusqu'à 12 ans, je n'étais jamais allée à l'école. Ma mère proposait différents apprentissages et j'apprenais à mon rythme. Et puis, quand j'ai eu 11 ans, ma mère a eu une opportunité professionnelle intéressante mais qui semblait peu compatible avec l'instruction à domicile. Elle m'a alors demandé mon avis et je lui ai dit que ça me convenait bien car je désirais découvrir la vie en communauté à l'école. J'ai d'abord été désagréablement surprise par les portes qui se fermaient derrière moi et la faible participation des autres élèves en classe. Mais rapidement, les enseignants m'ont appréciée car je n'hésitais pas à intervenir. Un temps d'adaptation a cependant été nécessaire pour m'habituer aux codes scolaires, mais mes connaissances et mon désir de m'intégrer m'ont permis d'obtenir de bons résultats.

Après quatre années d'école, j'estime avoir fait le tour de ce mode d'apprentissage. J'ai des amis, même si je ne comprends pas certaines querelles, mais je me suis régulièrement ennuyée. L'an prochain, j'apprendrai de nouveau à la maison, cette fois avec des cours par correspondance.

Au contraire, certains enfants ne reviennent pas à la maison et sont fréquemment scolarisés au niveau collège : soit leurs parents craignent de ne pas pouvoir les accompagner, soit ils estiment qu'une vie dans un groupe d'enfants du même âge est important à l'adolescence. Cela peut encore émaner de la demande des jeunes qui souhaitent être « comme les autres » ou qui souhaitent voir plus régulièrement d'autres enfants ou ados. Généralement la décision est prise en famille.

Notre expérience avec deux filles de 16 et 18 ans

« Déscolarisées à 6 et 9 ans, nous avons choisi de consulter nos filles régulièrement. Chaque année, nous leur avons donc demandé si elles souhaitaient intégrer une école ou continuer d'apprendre à la maison. Si elles optaient pour l'instruction à domicile, elles pouvaient également choisir des cours par correspondance. Parfois elles ont pris le temps d'y penser, souvent la réponse a été immédiate : nous préférons apprendre comme ça ! »

Aucun choix n'a à être définitif. Il est tout à fait possible d'alterner entre école et instruction à domicile, entre instruction à domicile et cours par correspondance. Néanmoins, tout changement de situation (école/instruction à domicile) doit être signalé (cf. article L. 131-5 du Code de l'éducation, voir p. 15-16).

Réintégrer l'école ?

Pour un niveau primaire, aucun test n'est prévu. L'enfant intègre la classe correspondant à son âge. En fonction du niveau de l'enfant, il peut être possible d'intégrer un niveau supérieur.

Pour un enfant de niveau collège ou lycée, des tests d'entrée en français et mathématiques sont normalement proposés. Parfois, ce n'est cependant pas le cas, en particulier si l'établissement propose une inscription-test pour les dernières semaines. De plus, certains établissements ne les imposent pas, *a fortiori* si l'enfant suivait des cours par correspondance ou s'il vient de réussir le DNB (brevet).

Sachez qu'un établissement public ne peut pas refuser l'inscription d'un enfant entre 6 et 16 ans puisque la loi impose l'instruction (cf. article L. 131-1 du Code de l'éducation cité p. 14). En cas de refus, vous pouvez faire appel au préfet afin qu'il procède à cette inscription (Article L. 2122-34 du Code général des collectivités territoriales) : « *Dans le cas où le maire, en tant qu'agent de l'État, refuserait ou négligerait de faire un des actes qui lui sont prescrits par la loi, le représentant de l'État dans le département peut, après l'en avoir requis, y procéder d'office par lui-même ou par un délégué spécial.* »

Au-delà de 16 ans l'instruction n'étant plus obligatoire, une inscription peut être refusée, cependant l'article L. 122-2 du Code de l'éducation prévoit que « *tout élève qui, à l'issue de la scolarité obligatoire, n'a pas atteint un niveau de formation reconnu doit pouvoir poursuivre des études afin d'atteindre un tel niveau. L'État prévoit les moyens nécessaires, dans l'exercice de ses compétences, à la prolongation de scolarité qui en découle. Tout mineur non émancipé dispose du droit de poursuivre sa scolarité au-delà de l'âge de seize ans.* »

Dans les faits, à ma connaissance, les enfants souhaitant intégrer un établissement après 16 ans y sont parvenus.

L'essentiel à retenir

Le choix de l'instruction à domicile peut être effectué pour des raisons variées. Parfois cette décision est prise avant que l'enfant ne soit né, parfois alors qu'il est scolarisé, parfois en raison de fortes souffrances liées à l'école.

Les raisons d'instruire un enfant peuvent être liées :

- à l'épanouissement de l'enfant : au besoin de respecter son rythme, son mode d'apprentissage, ses besoins d'explorer ses passions et ses intérêts, mais également de jouer, de dormir autant qu'il en a besoin, d'aller aux toilettes, de manger, de bouger et parler librement ;
- au désir de voyager et/ou de vivre un maximum d'expériences différentes (sorties, activités variées) ;
- au souhait de partager des valeurs : croyances, partage ou libre-pensée ;
- au désir d'explorer des pédagogies alternatives ou des manuels anciens pour échapper à une pédagogie jugée uniforme et parce que les parents pensent que ces moyens alternatifs prennent davantage en compte les besoins fondamentaux des enfants et semblent être moins « en surface » et plus « en profondeur » ;
- au besoin de s'adapter à un enfant différent ;
- au refus de la violence ordinaire : jugements liés aux notes et commentaires associés, bousculades, cris, privation de récréation, pressions diverses, etc. ;
- au refus de la violence répétée : conditions difficiles pour apprendre (harcèlement, enseignants trop souvent dans la critique et les commentaires dévalorisants, etc.) ;
- au mieux-être de l'enfant : dépression à la suite d'un harcèlement ou réel mal-être, ou parce qu'enfant à haut potentiel, dys ou autiste.

CHAPITRE 3

QUE DEVIENNENT LES ENFANTS NON SCOLARISÉS ?

Au programme

- D'anciens non scos célèbres
- Que disent les études menées autour de l'instruction à domicile ?
- Des personnes ordinaires
- L'essentiel à retenir

Les personnes hostiles à l'instruction en dehors de l'école prédisent un destin funeste aux enfants concernés : certains pensent ainsi qu'ils ne maîtriseront pas les savoirs de base, qu'ils ne réussiront pas d'examens, qu'ils seront ensuite des marginaux ou peut-être des artistes mais qu'aucune grande carrière ne peut être envisagée. Certains pensent également qu'un enfant instruit en famille sera incapable de s'adapter à la société, qu'il sera asocial et vivra en marge de la société.

Les parents tentés par l'instruction à domicile et l'entourage peuvent également s'inquiéter car sans école, ils seront responsables de l'instruction reçue par leur enfant. De plus, sans école, il leur appartiendra d'offrir des possibilités de socialisation.

Pour répondre aux uns et aux autres, je vous propose différents axes de réflexion dans ce chapitre. Dans un premier temps, il sera question d'anciens non scos célèbres, puis d'études menées à partir d'observations et de questionnaires et, enfin, de personnes ordinaires qui n'ont pas forcément suivi le chemin de l'école.

D'anciens non scos célèbres

Test 3 : Quel métier peut exercer un enfant instruit en famille, selon vous ?

	Vrai	Faux
1. Maraîcher		
2. Acteur/comédien		
3. Danseur		
4. Scientifique		
5. Mathématicien		
6. Inventeur		
7. Chef d'entreprise		
8. Enseignant		
9. Navigateur		
10. Homme ou femme d'affaires		
11. Sportif de haut niveau		
12. Anthropologue		
13. Couturier		
14. Archéologue		
15. Journaliste		
16. Créateur de dessin animé		
17. Ministre		
18. Écrivain		
19. Philosophe		
20. Haut-fonctionnaire		

Vous avez coché « vrai » à toutes les propositions, bravo ! Effectivement n'importe quel métier peut être exercé par une personne instruite en famille.

Certains métiers « ordinaires » (1, 3, 7 et 14) seront évoqués dans la sous-partie consacrée aux « personnes ordinaires » (voir p. 62), mais auparavant laissez-moi vous présenter quelques destins exceptionnels.

Jena Malone, actrice

Jena Malone (née en 1984) a connu l'école, puis l'instruction à domicile et enfin la *Professional Children's School* à New York. Elle a reçu le *Saturn Award* en 1998 (meilleure performance par une jeune actrice) et l'*Independant Spirit Award* en 2015. Elle a été récompensée à diverses autres reprises et est fréquemment nominée.

Pierre Curie et Pierre-Gilles de Gennes, scientifiques

Pierre Curie (1859-1906) ne connut ni l'école ni le lycée. Il fut instruit par ses parents puis par un ami de la famille et obtint une licence de physique à 18 ans. Il reçut le prix Nobel de physique avec sa femme Marie Curie et Henri Becquerel en 1903. Il est essentiellement connu pour ses travaux en radioactivité, magnétisme et piézoélectricité.

Pierre-Gilles de Gennes (1932-2007) fut instruit en famille par sa mère jusqu'à la cinquième. Il reçut le prix Nobel de physique en 1991. Il est essentiellement connu pour ses travaux sur les cristaux liquides et les polymères. Ses recherches inspirent dans les domaines de la physique, de la physico-chimie fondamentale et des sciences appliquées.

Blaise Pascal, mathématicien, écrivain et philosophe

Blaise Pascal (1623-1662) fut instruit par son père. Il devint mathématicien, inventa une machine à calculer appelée la Pascaline, initia des calculs de probabilité et découvrit un triangle arithmétique appelé le « triangle de Pascal ». Il fut également physicien, philosophe, moraliste et théologien. Il est enfin l'auteur des *Pensées* et des *Provinciales*.

Norbert Wiener, mathématicien

Norbert Wiener (1894-1964) fut instruit en famille jusqu'à 9 ans. Mathématicien, il est à l'origine de la cybernétique.

Thomas Edison, inventeur et homme d'affaires

Thomas Edison (1847-1931) fut déclaré instable par un enseignant à l'âge de 7 ans ; il était en réalité hyperactif. Il fut alors instruit par sa mère, puis il apprit en autodidacte. Ses travaux sont importants dans les domaines de l'électricité, du téléphone et du cinéma. Il fonda la General Electric, une des premières puissances industrielles mondiales.

Luc Ferry, enseignant et ministre

Luc Ferry, né en 1951, utilisa les cours du CNED à partir du lycée. Adulte, il est devenu professeur agrégé de philosophie. Il fut ministre de l'Éducation nationale de 2002 à 2004.

Maud Fontenoy, navigatrice

Maud Fontenoy, née en 1977, suivit des cours par correspondance jusqu'au niveau première. Elle a notamment traversé l'océan Atlantique nord et l'océan Pacifique sud à la rame.

Taïg Khris et Vasek Pospisil, sportifs de haut niveau

Taïg Khris, né en 1975, a été instruit en famille. Il est quintuple champion du monde de rollers. Il a également ouvert un magasin et une école de rollers.

Vasek Pospisil, né en 1990, a été instruit à domicile pour le niveau secondaire. Tennisman, il a remporté de nombreux prix dont l'épreuve du double à l'Orange Bowl en 2007.

Margaret Mead, anthropologue

Margaret Mead (1901-1978) fut tour à tour instruite à la maison et à l'école. Elle a contribué à populariser les apports de l'anthropologie culturelle aux États-Unis et dans le monde.

Rosa Parks, couturière

Rosa Parks (1913-2005) a grandi sans école jusqu'à 11 ans. Couturière, elle fut une militante engagée contre le racisme. Son refus de céder sa place dans un bus en 1955 changea le cours de l'histoire.

Jean d'Ormesson, journaliste, écrivain et haut-fonctionnaire

Jean D'Ormesson est né en 1925 et fut instruit en famille jusqu'à 14 ans. Il a dirigé *Le Figaro* entre 1974 et 1977, et a reçu le prix du roman de l'Académie française pour *La Gloire de l'Empire* publié en 1971. Élu à l'Académie française en 1973, il fut aussi nommé secrétaire général adjoint du Conseil international de la philosophie et des sciences humaines à l'Unesco en 1950, et en devint le président en 1992.

Émile Reynaud, créateur de dessins animés

Émile Reynaud (1844-1918) fut instruit par ses parents selon le principe d'« apprendre en s'amusant ». Il devint enseignant-conférencier, puis inventeur. Il créa le premier dessin animé projeté en France.

Agatha Christie, Marie-Paule Salonne, Marguerite Yourcenar et Christopher Paolini, écrivains

Agatha Christie (1890-1976) fut instruite par sa mère jusqu'à 16 ans. Célèbre auteure de romans policiers, elle a notamment imaginé les personnages d'Hercule Poirot et de Miss Marple. Plusieurs de ses histoires ont été adaptées sur petit ou grand écran.

Marie-Paule Salonne (1902-1947), instruite par sa mère, instruisit également ses enfants. Elle reçut le prix Minerva en 1932 pour *L'Âge de perle*.

Marguerite Yourcenar (1903-1987) valida la première partie de son bac sans être allée à l'école. Son roman *Mémoires d'Hadrien* (1951) connut un succès mondial. Elle a été élue à l'Académie royale de langue et de littérature françaises de Belgique et, en 1980, à l'Académie française.

Christopher Paolini est né en 1983 et a été instruit par ses parents. Il est l'auteur d'*Eragon* et de *L'aîné*.

Tous ces exemples montrent que l'instruction à domicile a toujours existé et qu'elle permet d'encourager la créativité. Ainsi, différentes personnalités connues ont eu un destin extraordinaire en ayant vécu une période plus ou moins longue sans école. Cependant, chaque enfant instruit en famille n'aura pas un tel destin, il semble donc intéressant de se tourner vers des personnes plus proches de nous, en commençant par découvrir diverses études menées autour des jeunes ayant connu la non-scolarisation.

Que disent les études menées autour de l'instruction à domicile ?

Concernant le niveau d'études

En 1999, aux États-Unis, dans le cadre d'une étude comparative, M. Rudner soumit 20 760 enfants à l'ITBS[20] pour les enfants de K.8[21] et le SAT[22] pour les K.9 à 12[23]. Près d'un enfant sur 4 (24,5 %) obtint un niveau égal ou supérieur qu'un enfant de son âge scolarisé. Les enfants avec des parents ayant un niveau académique supérieur obtinrent de meilleurs résultats ; cependant même si les parents n'avaient pas de diplôme

20. ITBS : *Iowa Test of Basic Skills*. Test standardisé fourni aux écoles et évaluant différentes compétences, en particulier la lecture, les mathématiques et les sciences.

21. K.8 : enfants de niveau maternelle (5 ans) à la 8e classe (environ 14 ans).

22. SAT : *Stanford Achievement Test series*. Ces tests mesurent les connaissances académiques des élèves des écoles élémentaires et secondaires.

23. K.12 : niveau de classe pour les jeunes d'environ 17 à 19 ans.

universitaire, les enfants eurent en moyenne des résultats supérieurs aux enfants scolarisés[24].

En 2014[25], les résultats de 13 549 étudiants américains *homeschoolers* au SAT ont été comparés à la moyenne nationale ; ils étaient supérieurs à ceux des étudiants scolarisés.

De plus, une étude réalisée en 2002 auprès de 419 familles britanniques a également révélé que les scores des enfants instruits à la maison sont très élevés par rapport à ceux des enfants scolarisés : « *[...] L'engagement des parents envers leurs enfants et l'attention qu'ils leur accordent, quels que soient le niveau d'instruction et la catégorie socio-économique, sont peut-être les facteurs les plus importants dans le développement et le progrès en apprentissage des enfants*[26]. »

Les enseignants le constatent également : les enfants scolarisés dont les parents sont impliqués dans les études sont ceux qui réussissent le mieux. Les parents instruisant leurs enfants choisissent de s'impliquer totalement dans l'instruction de ceux-ci. Les enfants bénéficient d'une pédagogie en tête-à-tête : leurs résultats ont donc de très grandes chances d'être bons.

Concernant l'implication sociale

Une étude réalisée en 1992 par le docteur Larry Shyers[27] montre que les enfants instruits en famille ont des facilités à s'intégrer

24. Lawrence M. Rudner, chercheur de ERIC (Educational Resources Information Center) Clearinghouse on Assessment and Evaluation de l'Université du Maryland, *Scolastic Achievement and demographic caracteristics of home scool students in 1998*. Education Policy Analysis Archives, 1999.

25. Cette comparaison est à retrouver sur le site du NHERI (National Home Education Research Institute) : http://www.nheri.org/research/nheri-news/homeschool-sat-scores-for-2014-higher-than-national-average.html

26. Paula Rothermel, *Home-Education: Rationales, Practices and Outcomes*, University of Durham, 2002.

27. Thèse de doctorat du Dr Larry Shyers, « Comparison of Social Adjustment Between Home and Traditionally Schooled Students », University of Florida's College of Education, 1992.

dans un groupe et moins de problèmes comportementaux que les enfants scolarisés. Ainsi, soixante-dix enfants instruits à domicile et soixante-dix enfants en école traditionnelle âgés de 8 à 10 ans furent filmés alors qu'ils jouaient dans une grande salle, puis ils devaient coopérer pour gagner des défis avec des casse-tête. Les observateurs se référaient à un outil appelé *Direct Observation Form of the child behavior list* qui tient compte de 97 problèmes de comportement possibles. Après observation, il s'est avéré que les enfants scolarisés présentaient huit fois plus de problèmes de comportement que les enfants sans école. Les enfants scolarisés ont été présentés comme étant majoritairement bruyants, compétitifs et agressifs. Shyers a suggéré qu'une raison possible était qu'à cet âge, un enfant imite les comportements observés. Un enfant sans école modèlerait ainsi son attitude sur celle de ses parents quand l'enfant scolarisé la modèlerait sur ses pairs.

Plusieurs chercheurs ont ainsi montré que les enfants non scolarisés se construisaient mieux socialement, émotionnellement et psychologiquement que les enfants scolarisés. En outre, les familles sans école sont souvent plus impliquées dans la communauté et les enfants interagissent avec un éventail plus large de personnes (enfants et adultes)[28].

À la maison, l'enfant a le temps de construire sa confiance en lui sans avoir à affronter les bousculades et autres incivilités fréquentes à l'école. De plus, là encore il est probable que la présence parentale et la forte implication des parents jouent un rôle non négligeable dans les bons comportements adoptés par les enfants. En effet, un enfant apprend comment se comporter avant tout en observant son entourage.

28. Richard G. Medlin, *Homeschooled Children's Social Skills*, Home School Researcher, 17 (1), 1-8, 2006. Un résumé de cette étude est à lire dans : Brian D. Ray, *Home Education Reason and Research: Common Questions and Research-Based Answers*, Salem, 2009, ou sur le site du National Home Education Research Institute (www.nheri.org).

Des personnes ordinaires

Si des personnes célèbres peuvent témoigner que le système de l'instruction à domicile fonctionne et que des études démontrent la même chose, des témoignages de personnes comme vous et moi attestent que c'est un choix légitime.

Lors de mes recherches pour ce livre, j'ai découvert que, pas plus que pour les personnes ayant été scolarisées, les retours n'étaient identiques. Cependant, ceux qui regrettent d'avoir été instruits en famille représentent une minorité et, en termes de pourcentage, ils semblent moins nombreux que ceux se plaignant de moments difficiles à l'école.

Amanda, maman de deux enfants

« Vos enfants n'apprendront pas la vraie vie en jouant, dessinant et cuisinant. Ma mère a cru bien faire en nous proposant uniquement de dessiner, cuisiner et jouer ; elle voulait que nous soyons heureux. Mais la vie ce n'est pas juste dessiner, cuisiner et jouer, et quand j'ai voulu travailler, j'ai vu combien c'était compliqué pour moi. Je n'avais pas le niveau et je n'ai aucun diplôme. Alors moi, j'ai choisi de mettre mes enfants à l'école et ils sont contents ! »

Le témoignage d'Amanda semble lié à son regret de ne pas avoir appris suffisamment. À la suite de ce message diffusé sur le net, différentes personnes sont intervenues, lui expliquant qu'elle n'avait pas de diplôme mais qu'elle avait appris bien d'autres choses et qu'il était dommage qu'elle regrette son expérience sans école. Amanda a alors ajouté qu'elle avait aimé apprendre librement, qu'elle gardait un excellent souvenir de son enfance. Toutefois, elle regrettait de n'avoir reçu aucune instruction formelle, en plus de son instruction informelle.

Si d'autres témoins se réjouissent de ne pas avoir vécu d'instruction formelle, il s'avère que leurs expériences d'apprentissages informels paraissent plus variées et plus riches que celles d'Amanda. En règle générale, les retours négatifs émanent de personnes regrettant que leurs parents ne leur aient pas proposé plus de situations d'apprentissage[29] ou plus de rencontres avec d'autres personnes. Il y a quelques années, j'avais également échangé avec une maman qui expliquait que son fils et elle regrettaient ce choix parce qu'elle avait cherché pour lui l'excellence : elle avait cumulé cours par correspondance et supports à tel point qu'il avait fini par lui reprocher de l'étouffer. Pour instruire leur enfant et vivre une belle expérience, les parents doivent parvenir à un juste équilibre entre trop de demandes et pas assez de propositions. Toutefois ces retours en demi-teinte sont plutôt isolés.

Test 4 : Et vous, quel est votre retour sur votre mode de scolarité ?

Cochez les cases vous correspondant.

	Oui	**Non**
Avez-vous conservé des amis de votre enfance, de votre adolescence ?		
Est-ce que ce sont des amis rencontrés grâce à l'école ?		
Êtes-vous globalement satisfait de votre vie sociale à l'école ?		
Avez-vous eu le sentiment qu'il y avait trop de violence à l'école ?		
Votre mode d'instruction vous a-t-il permis d'avoir confiance en vous ?		
Avez-vous des souvenirs de ce que vous avez appris ?		
Avez-vous appris suffisamment ?		
Avez-vous eu le sentiment qu'on vous poussait à aller plus vite que ce que vous ne pouviez réaliser ? Ou au contraire pas assez vite ?		

.../...

29. Des situations d'apprentissage seront proposées dans la troisième partie.

Avez-vous le sentiment que ce que vous avez appris à l'école vous a donné des compétences pour votre vie d'aujourd'hui ?		
Avez-vous l'impression d'avoir perdu votre temps à l'école ?		
Est-ce que vos diplômes vous ont permis d'apprendre un métier ?		

Après avoir complété ce questionnaire, il semble difficile d'avoir un avis tranché. Rares sont ceux qui cocheront seulement des « oui » ou des « non ». Le tout n'est donc pas de chercher une vérité unique où tout est blanc ou noir. De la même manière, il n'est pas possible d'obtenir un regard *a posteriori* unanime sur l'instruction à domicile. Aussi, je vous propose à présent de découvrir des retours fréquents sur cette expérience sans école.

Parole aux jeunes non scos : qu'ont-ils préféré ?

Le bonheur

Aurélie, 22 ans, instruction à domicile jusqu'à l'entrée au lycée, étudiante

« Ces années sans école ont été un pur bonheur ! Notre cocon familial était soudé et joyeux. Nous recevions régulièrement des gens et nous passions d'excellents moments dans la sérénité ! Nous travaillions dans la bonne humeur, ce qui m'a permis de grandir dans les meilleures conditions possibles. »

Ce bonheur d'apprendre revient souvent chez les personnes qui ont connu un parcours sans école. En principe, l'enfant ou l'adolescent apprend à son rythme dans une atmosphère paisible.

Des relations privilégiées avec les membres de sa famille

Marc, 36 ans, non scolarisé durant trois ans, ingénieur

« Grandir sans école m'a permis d'être plus proche de mes parents et de mes frères. Pendant cette période sans école, un tas d'activités nous étaient proposées à nous, les enfants. On s'est vraiment éclaté ensemble. »

À une époque où tout le monde a tendance à courir, où les parents jonglent souvent entre travail puis leçons le soir, courses et sorties le week-end, les enfants apprécient lorsque les adultes prennent le temps de s'arrêter, de les regarder, de jouer avec eux, de partager des moments forts.

Une autre relation se construit également entre frère(s) et sœur(s) puisqu'il n'est pas rare qu'ils deviennent d'excellents amis sans pour autant que le désir d'aller vers d'autres enfants ne s'éteigne. Les enfants sont fréquemment complices, ils s'encouragent, imaginent et créent ensemble.

Avoir du temps, le respect de son rythme

Stéphanie, 19 ans, déscolarisée à 10 ans, lycéenne avec le CNED

« À l'école, c'était dur. Il fallait se réveiller tôt et le soir, il y avait les leçons, j'étais tout le temps fatiguée ! Le soir, je pleurais souvent tellement j'étais fatiguée. Quand j'ai arrêté l'école, je n'ai plus eu d'eczéma. Je me suis sentie libre ! Après j'ai pris mon temps. Cette année, je vais passer le bac de français avec le CNED. »

Pouvoir aller plus vite ou au contraire aller plus lentement, parfois même alterner entre aller vite et aller lentement, sont des chances appréciées par les jeunes sans école. Un certain nombre d'enfants voient leurs difficultés (eczéma, asthme) disparaître ou s'atténuer ; ce n'est cependant pas systématique, tout dépend également des raisons de ces problèmes physiques. De plus, les enfants et les jeunes apprécient d'avoir le temps de dormir et de grandir, d'avoir du temps libre pour explorer leurs passions et pour se construire.

Se retrouver, reprendre confiance en soi

Cassandra, 18 ans, déscolarisée à 10 ans, étudiante

« Quand je rentrais de l'école, je pleurais presque tout le temps. Je pleurais aussi souvent le matin. J'ai appris plus tard que je souffrais d'une phobie scolaire. Il m'a fallu des années pour croire en moi, je me sentais nulle. L'année dernière, j'ai tenté la première année du bac, c'était dur, je pensais encore que j'étais nulle. Pourtant, j'ai commencé à reprendre confiance en moi avec l'école à la maison, et moi qui détestais l'école, j'ai adoré apprendre comme ça et j'ai même fini par avoir le bac ! »

Si certains enfants en souffrance à l'école récupèrent très vite, il faut parfois plus de temps pour d'autres jeunes, en particulier lorsqu'ils ont un profil particulier. En tant que parent et jeune, il est alors important de garder confiance en soi. De plus, l'entourage peut avoir un rôle déterminant pour que cette confiance revienne plus rapidement. Une souffrance scolaire est un signe de détresse réelle, en aucun cas il ne s'agit d'une forme de comédie, comme le jeune l'a parfois trop entendu. Ainsi la maman de Cassandra a ajouté qu'il y avait eu beaucoup de jugements, on l'a notamment accusée de « surcouver » sa fille, mais elle a tenu bon. Aujourd'hui Cassandra va mieux et sa mère a confiance dans sa capacité à construire une vie qui lui convienne.

La liberté

Le mot le plus souvent cité lorsqu'on demande aux jeunes instruits en famille ce qu'ils ont préféré dans leur mode d'instruction est « liberté ».

Enzo, 19 ans, a connu l'instruction à domicile, le collège et de nouveau l'instruction à domicile, musicien

« L'école à la maison pour moi, c'est du temps libre pour se construire, pour des loisirs, la possibilité de voyages et plein d'apprentissages différents ! »

Cette liberté concerne le temps : du temps à consacrer à ses passions, du temps pour vivre, pour jouer, pour faire des activités variées. Il est également fait mention de la liberté pour les horaires : la liberté de dormir, d'étudier quand on le souhaite, de ne pas avoir d'horaires figés, de pouvoir modifier ses projets. Certains racontent ainsi comment ils appréciaient de pouvoir poser leurs cahiers sans regret et de se précipiter vers la neige fraichement tombée, ou bien combien ils aimaient poser un stylo et partir observer un oiseau ou un écureuil venu interrompre leur activité.

D'autres aiment à raconter les voyages et les sorties organisées, alors que les autres enfants étaient scolarisés ; combien ils aimaient se sentir libres de courir d'une découverte à l'autre sans être entravés par une foule pressante.

En instruction à domicile, on est également libre d'instaurer des jours fériés comme les anniversaires ou d'autres dates importantes pour la famille et, ces jours-là, de s'offrir des moments uniques.

Quelques qualités courantes chez les personnes ayant été instruites en famille

L'autonomie

Pierre, 28 ans, a grandi sans école, entrepreneur

« J'ai choisi de ne me présenter à aucun diplôme, et n'ai ni le brevet ni le bac. Je pense que mon éducation m'a appris à être indépendant. En effet, à 19 ans, j'ai choisi de créer mon entreprise de e-commerce. L'an prochain, elle fêtera ses dix ans ! »

La liberté accordée aux enfants instruits en famille, le fait de suivre leurs choix d'apprentissage, d'encourager la poursuite de leurs intérêts et passions permettent aux jeunes d'être particulièrement autonomes. Ils ne sont pas tous autonomes très tôt, puisque le caractère entre également en ligne de compte, mais lorsqu'ils grandissent, ils le sont souvent beaucoup plus que les enfants du même âge qui sont scolarisés. Ainsi, à la faculté, ils ont souvent plus d'aisance à s'adapter puisqu'ils savent déjà prendre en charge leurs apprentissages.

Léa, 15 ans, sans école depuis le CP

« Tout en préparant les épreuves anticipées du bac avec ma mère, j'ai choisi de me former en droit. J'ai cherché seule les supports pour éduquer mon esprit au droit, consulté des sites spécialisés, lu des biographies, des comptes-rendus de procès, des guides législatifs grand public ou réservés à des initiés. J'ai également tenu à m'informer et à former mon opinion en lisant différents essais autour de l'accompagnement des jeunes dans le cadre du futur métier que j'ai choisi : juge pour enfants. Cette instruction au droit a été totalement autonome. Ce n'était d'ailleurs pas mon premier apprentissage autonome : très tôt, j'avais pris l'habitude de chercher, de prolonger les découvertes faites en famille ou seule. »

La libre-pensée

Romain, 19 ans, CNED

« J'apprécie de ne pas avoir grandi dans le moule de la société, surtout le moule du collège : aucune envie d'avoir à faire, à penser comme les autres. Grâce à ça, je peux porter un autre regard sur la vie, mes priorités sont différentes des autres jeunes de mon âge. »

À l'adolescence, penser différemment n'est pas toujours bien perçu et il arrive que des jeunes non scos soient rejetés par des jeunes scolarisés parce qu'ils ne s'habillent pas comme eux, parce qu'ils n'ont pas les mêmes centres d'intérêt et leur semblent « bizarres ». Les jeunes scolarisés au moment de l'adolescence ont donc régulièrement besoin d'une période d'adaptation pour comprendre des codes différents des leurs. Certains choisissent alors de rester eux-mêmes, quitte à renoncer à un système dans lequel ils ne se retrouvent pas, tandis que d'autres se fondent dans le groupe de jeunes de leur âge sans forcément renoncer à leur liberté de penser. Régulièrement, les anciens non scos participent davantage en classe, mais ils sont également plus critiques, prenant de la distance avec ce qu'ils voient.

Si cette libre-pensée peut compliquer certaines relations avec les adolescents, elle est également un atout puisqu'elle permet de voir les choses sous un autre angle, de rester critique et ouvert d'esprit pour une alternative. La libre-pensée permet ainsi d'innover. Sans libre-penseur, la nouveauté pourrait-elle exister ?

La curiosité intellectuelle

Françoise, 54 ans, se définit comme une « touche-à-tout »

« Eh oui, je suis une vétérante de l'instruction à domicile ! À mon époque, les autres enfants allaient à l'école mais mon père était toujours en déplacements, alors j'ai grandi en apprenant avec lui. Mon métier ? Je suis une touche-à-tout, je n'ai pas réussi à m'enfermer dans un rôle, j'ai pris l'habitude de bouger, l'habitude du changement. Alors je suis journaliste, enseignante, fondatrice d'une association et puis, eh bien, ça dépend des jours ! En tout cas, je suis toujours dispo pour les copains et les copines. Et puis, j'adore apprendre ! Dès que je peux, je collectionne et je m'informe. Là, en ce moment, c'est le japonais. »

Visiblement Françoise est un électron libre autant dans sa liberté de penser que dans son désir d'apprendre qui ne s'est pas éteint avec l'âge. À 54 ans, elle a toujours de nouveaux projets en tête, même si elle renonce à certains, faute de temps ou d'intérêt durable. Intelligente, cultivée et sociable, elle est membre active d'une association de partages et co-fondatrice d'une structure de partages culturels.

Ainsi, les anciens enfants instruits à domicile sont souvent impliqués dans des associations alternatives, des associations de partage, sportives ou culturelles. Fréquemment, ils lisent beaucoup et apprécient régulièrement des activités culturelles ou des conférences.

Le goût du travail bien fait, la persévérance

Encouragés à explorer leurs passions, leurs intérêts, ayant du temps pour le faire, les enfants instruits en famille prennent l'habitude de s'investir dans ce qu'ils font, d'explorer plus loin. Certains deviennent ainsi perfectionnistes, ayant l'habitude d'aller jusqu'au bout, de chercher le détail supplémentaire qui permettra d'atteindre l'excellence.

Alizée, 22 ans, instruite en famille jusqu'à l'âge de 14 ans, étudiante

« Je suis en école d'ingénieur et le fait d'avoir été instruite en famille m'est utile chaque jour. Le fait d'avoir étudié seule et d'approfondir m'a donné le goût des études et m'a permis de voir les choses avec mes propres yeux, et pas avec ceux d'un enseignant ou d'un système. Devant un problème, je cherche toujours à approfondir, à vérifier les tenants et les aboutissants. Je suis devenue perfectionniste parce que j'ai pris l'habitude de m'instruire à fond sur ce qui me passionnait. »

Généralement, les anciens non scos emploient leur énergie à vivre leur passion dans l'objectif de vivre de leur passion. Ainsi, on rencontre des musiciens, des comédiens, des fleuristes, des couturières, des webmasters, des mécaniciens, des personnes ayant choisi de vivre au contact de la nature (maraîchers, gestionnaires de la faune sauvage, etc.). On rencontre également des assistants de direction trilingues, des ingénieurs, des conducteurs de travaux pour une entreprise nationale de restauration de monuments historiques et encore bien des métiers. On découvre ainsi un bon nombre de personnes décidées à relever tous les défis placés sur leur route pour atteindre leur rêve.

Lucie, cours par correspondance et instruction à domicile jusqu'au bac, docteure en archéologie

« Je ne suis quasiment jamais allée à l'école, j'ai obtenu le bac en candidate libre et après des années de travail acharné, j'ai été reçue en tant que docteure en archéologie avec les félicitations du jury. »

La maturité

Aurélien, 20 ans, a grandi sans école, étudiant

« Ayant grandi en contact permanent avec la nature, c'est naturellement que je me suis tourné vers une formation en lien direct avec celle-ci. Quand je pense à mon passé d'enfant instruit en famille, je me remémore avec joie mes expériences passées. J'aimerais à mon tour instruire mes enfants lorsque le moment sera venu. Mais je les préparerai davantage à la réalité économique et sociale que je ne l'ai été. »

Les jeunes ayant grandi sans école sont souvent très matures : ils ont appris à penser par eux-mêmes et à être autonomes. Généralement, ils ont surtout appris à travailler pour eux et non pour autrui, et s'impliquent donc dans ce qu'ils apprennent.

De plus, en ayant porté un regard plus critique sur ce qui les entoure, ils prennent rapidement l'habitude de vérifier la fiabilité d'une information puis de l'analyser, à l'exemple d'Aurélien, capable à seulement 20 ans de voir ce qui était positif dans le choix d'éducation réalisé par ses parents, mais également d'en percevoir les limites afin de tâcher d'y remédier lorsque son tour sera venu.

L'ouverture à l'autre

Morgane, 20 ans, non sco entre 7 et 14 ans, étudiante

« Pour dire la vérité, je n'ai jamais compris cette histoire de socialisation, à part que beaucoup de gens s'en inquiètent... Passer toutes ses journées au même endroit, avec les mêmes personnes, c'est être socialisé ? Ou c'est simplement apprendre à vivre avec d'autres êtres humains ? On ne pose jamais cette question aux enfants qui vont à l'école... Sinon, je suis en première année d'étude de traduction, et le fait que je ne sois pas allé à l'école ne change rien à mes études actuelles du point de vue de l'intégration. Pour conclure, on me demande toujours quels sont les inconvénients de ne pas aller à l'école. Pour moi, le seul, c'est le fait de devoir toujours s'expliquer, se défendre, prouver qu'on peut très bien vivre en étant non-sco... Ce qui est parfois fatiguant ! »

Comme Morgane, beaucoup de jeunes et de familles non scolarisantes ne comprennent pas ce questionnement permanent au sujet d'être ou ne pas être sociable. Dans les faits, la socialisation s'acquiert essentiellement grâce à l'exemple familial. D'une part, l'exemple parental sert de référence ; d'autre part, bien se comporter avec les autres suppose tout d'abord qu'on se comporte bien avec vous. Or si l'enfant est écouté et respecté, il sera plus enclin à écouter et à respecter autrui. Si on l'éveille à la tolérance, si on lui permet de rencontrer des personnes différentes (origine, âge, sexe, culture, milieu social, etc.), l'enfant s'éveille à d'autres réalités et comprend qu'il existe d'autres modes de fonctionnement. Là encore, le fait d'avoir appris à penser par lui-même et de ne pas avoir eu à suivre un mouvement de groupe pas toujours tolérant l'incite à aller vers l'autre.

Cela n'entre pas en opposition avec le fait qu'à l'âge adulte certains anciens non scos soient réservés ou solitaires parce que le choix de se mêler peu aux autres est aussi une question de tempérament et de besoin. Généralement, ils sont cependant ouverts à l'autre, à la différence.

L'essentiel à retenir

Différentes personnes connues ont été instruites à domicile. Ce choix d'instruction a contribué à la formation de leur personnalité et donc à leur réussite.

Différentes études sur le terrain révèlent que les enfants instruits à domicile réussissent tout aussi bien que les enfants scolarisés et qu'ils ne sont pas moins sociables. Au contraire, ils ont généralement moins de problèmes de comportement.

De plus, différents exemples proches de nous montrent que les anciens enfants non scolarisés ont notamment apprécié d'avoir une enfance heureuse ; d'avoir pu nouer des relations privilégiées avec leurs proches ; d'avoir eu du temps, le temps de grandir à leur rythme, le temps de se retrouver, de prendre confiance en soi et surtout la chance de grandir dans une grande liberté !

Enfin, les anciens non scos ont fréquemment des qualités appréciables telles que l'autonomie, la libre-pensée, la curiosité intellectuelle, le goût du travail bien fait, la persévérance, la maturité et l'ouverture à autrui.

PARTIE 2

S'ORGANISER

CHAPITRE 4

UN CHOIX FAIT DE SACRIFICES ?

Au programme

- Un choix financier ?
- Des sacrifices sociaux ?
- Penser à soi
- L'essentiel à retenir

Instruire son enfant peut être tentant, mais souvent on s'inquiète : n'a-t-on pas trop à perdre en optant pour l'instruction à domicile ? Financièrement, est-ce que ce choix n'implique pas de vivre avec un seul salaire ? Les fins de mois ne risquent-elles pas d'être trop difficiles ? Comment faire pour vivre correctement ?

Et puis instruire son enfant, est-ce que ce n'est pas courir le risque que certains membres de la famille ou amis ne comprennent pas, et qu'on se trouve isolé ? Est-ce que ce n'est pas plus compliqué pour les enfants d'avoir des amis ?

Et nous, est-ce que notre famille ne risque pas d'exploser en vivant toujours ensemble ? En tant que parent, en tant qu'individu, est-ce qu'on ne risque pas de vivre seulement pour notre enfant ?

Un choix financier ?

Afin de mieux réfléchir à cette question financière, je vous propose un petit test dans le but d'évaluer vos besoins.

Quels sont vos besoins ?

Attention, prenez-le temps de réfléchir : un besoin est quelque chose qui vous semble absolument nécessaire, soit pour des raisons de bien-être physique, soit pour des raisons de bien-être psychologique. Chacun de nous n'aura ainsi pas les mêmes besoins pour parvenir à son équilibre personnel, il ne s'agit donc pas de raisonner en fonction de ce qui est le mieux officiellement, mais de ce qui est le mieux pour vous. Une envie, quant à elle, peut être réprimée. Dans ce cas posez-vous la question suivante : si je n'achète pas tout de suite et attends un peu, est-ce qu'il me semble tout aussi important d'acheter ce que j'avais envisagé ? Si la réponse est négative, cochez « non ». Cochez « souvent » ou « parfois » si l'envie l'emporte encore fréquemment et qu'il vous semble difficile de ne pas y répondre pour le moment.

Test 5 : Quels sont vos besoins matériels ?

Cochez les cases vous correspondant.

	Non	Parfois	Souvent	Oui
1. Avez-vous besoin de vêtements neufs ?				
2. Avez-vous besoin de voyager ?				
3. Avez-vous un loyer important à payer ?				
4. Pouvez-vous diminuer votre consommation alimentaire ?				
5. Pouvez-vous diminuer votre budget entretien de la maison ?				

…/…

6. Pouvez-vous diminuer votre budget transport ?				
7. Pouvez-vous diminuer votre budget téléphonique ?				
8. Pouvez-vous faire des économies d'énergie ?				
9. Pouvez-vous diminuer votre budget animaux ?				
10. Opterez-vous pour des cours par correspondance ou des cours particuliers ?				

Pistes de réflexion après le test

Je vous propose à présent différentes pistes de réflexion afin d'économiser si vous avez répondu aux questions précédentes.

1. Avez-vous besoin de vêtements neufs ?

Si vous avez répondu « oui » ou « souvent », s'agit-il de vêtements neufs ou de renouveler votre garde-robe ? Saviez-vous qu'il existe des sites où vous pouvez troquer vos vêtements contre d'autres vêtements[30] ? Il est également possible d'organiser vous-même une journée troc où vos amis et toute personne que vous êtes prêt à accueillir viendront à votre domicile pour proposer des vêtements à l'échange.

Vous pouvez également aller dans des magasins où des vêtements d'occasion sont proposés (particulièrement intéressant pour les vêtements des petits qui sont peu portés). Les vêtements, surtout s'il s'agit de petites ou grandes marques, sont généralement en très bon état et les affaires au rendez-vous !

Si vous ne souhaitez pas utiliser de vêtements d'occasion, profitez des soldes et tâchez d'anticiper les tailles de vos enfants afin d'avoir une garde-robe pour eux. Évitez les achats en dehors de

30. http://trocvestiaire.com ; http://pretachanger.fr

ces moments où les articles sont soldés et économisez chaque mois une petite somme en prévision de cette occasion d'acheter des produits jusqu'à 70 ou 80 % moins cher !

Si vous avez besoin d'acheter plus tôt, n'hésitez pas à utiliser des sites Internet[31] où vous trouverez des produits, d'occasion ou pas, à des prix intéressants. Là encore, vous pouvez lister vos favoris et les consulter de temps à autre, ou encore vous inscrire à la newsletter du site de votre magasin virtuel ou réel préféré afin d'être averti des offres promotionnelles.

Enfin, si les vêtements résistent difficilement à votre enfant, vous pouvez ajouter une pièce au niveau des zones d'usure (genou, coude) pour les vêtements utilisés à la maison ou dans la nature. Voyez également si vous pouvez transformer la jolie robe en jupe lorsque votre petite fille grandit ou inventer un nouveau vêtement à partir d'un vêtement trop petit ou partiellement usagé ?

2. Avez-vous besoin de voyager ?

Un des avantages de l'instruction à domicile est de pouvoir partir en dehors des vacances scolaires. De substantielles économies peuvent ainsi être réalisées puisque vous pourrez partir à n'importe quel moment de l'année et, par conséquent, ne pas payer le prix fort. Mieux encore, des promotions sont régulièrement proposées, en particulier des offres de dernière minute à des tarifs défiant toute concurrence !

Différents sites vous permettront de découvrir de nouvelles idées pour alléger votre budget voyage, notamment le logement. C'est le cas notamment du couchsurfing[32], de la route des sel[33] (système d'échanges), du système Wwoof[34] (contre services rendus) ou de l'échange de maisons[35].

31. www.ebay.fr ; http://fr.vente-privee.com ; www.leboncoin.fr
32. www.couchsurfing.org
33. http://route-des-sel.org
34. www.wwoof.fr
35. www.echange-maison.net/couch-surfing.php

3. Avez-vous un loyer important à payer ?

Avez-vous envisagé un rachat de votre crédit immobilier afin de négocier de meilleures conditions ?

S'il s'agit d'une location, votre maison correspond-elle à votre famille ou bien est-elle trop grande et donc plus coûteuse ? Ou bien si elle est située en ville, ne pourriez-vous pas vous délocaliser un peu afin de chercher un loyer moins élevé ?

4. Pouvez-vous diminuer votre consommation alimentaire ?

Si vous achetez des aliments plaisir, pouvez-vous les diminuer ? Pourquoi ne pas cuisiner vous-même quelques gourmandises ? Avec une sorbetière, vous pourrez réaliser vous-même vos glaces et sorbets. Il est aussi possible d'investir dans une yaourtière ou une machine à pain pour réaliser pain et brioche.

Un jardin et des arbres fruitiers peuvent également vous permettre de réaliser des économies. Toutefois, si vous n'avez pas la main verte, pas l'envie de jardiner ou pas de place pour, pourquoi ne pas demander autour de vous s'il est possible d'acheter à moindre coût des œufs ou des légumes ? Dans les systèmes d'échanges de type SEL[36], on trouve régulièrement des plans, fruits ou légumes ou encore confitures à échanger.

D'autre part, acheter en grande quantité, en particulier lors des promotions, peut s'avérer un bon investissement, en particulier pour des achats coûteux. Pensez cependant à comparer le prix au kilo affiché sur les objets à l'unité, car les lots sont parfois moins avantageux.

Pensez aussi à comparer le prix des produits dans différents magasins. Pour les produits plus coûteux et régulièrement consommés, ça vaut vraiment le coup.

Enfin, pourquoi ne pas diminuer votre consommation de viande ? Ce budget est souvent conséquent alors que les protéines

36. http://seldefrance.chez.com/listedessel1.htm

se trouvent partout et que les besoins sont souvent bien moindres qu'on imagine. Ainsi, vous pourriez ne plus consommer de viande le soir et seulement quelques jours par semaine. Votre budget s'en trouvera allégé.

5. Pouvez-vous diminuer le budget entretien de votre maison ?

Là encore, l'achat en gros peut être rentable.

Sachez également que la plupart des produits chers que nous payons ne sont pas indispensables. Ainsi, il est tout à fait possible de réaliser sa propre lessive, différentes recettes circulent sur Internet. De son côté, le vinaigre est un excellent détartrant. Quant au savon de Marseille, c'est l'objet indispensable à avoir à portée de main puisqu'il permet de supprimer un bon nombre de taches et qu'il est moins coûteux pour se laver les mains qu'un produit nettoyant.

Si vous préférez un produit nettoyant pour le corps ou les mains, pourquoi ne pas le diluer ? Le flacon coule souvent trop vite et les principes actifs n'ont pas besoin d'être utilisés en grande quantité pour être efficaces ; n'hésitez donc pas à diluer ce produit dans un flacon intermédiaire ou en complétant votre flacon entamé.

6. Pouvez-vous diminuer votre budget transport ?

Si vous avez une voiture puissante, peut-être pourriez-vous en changer afin d'économiser.

De plus, il est possible de diminuer les coûts en pratiquant le covoiturage[37] lors de vos trajets pour le travail, mais également pour les activités des enfants ou les voyages.

37. Quelques sites : www.blablacar.fr ; http://covoiturage-libre.fr

7. Pouvez-vous diminuer votre budget téléphonique ?

Pourquoi votre facture téléphonique est-elle importante ? Pouvez-vous diminuer votre consommation ? Quelle alternative serait possible ? Il existe par exemple des forfaits avec des numéros privilégiés. Concernant votre téléphone mobile, comparez les différentes offres.

Mon témoignage

« Après avoir payé durant plusieurs années un forfait d'une vingtaine d'euros pour peu d'appels, j'ai appris qu'un opérateur téléphonique proposait 2 heures d'appel et SMS illimités pour 2 euros. Ce forfait était très exactement ce dont j'avais besoin et j'ai ainsi économisé plus de 200 euros par an. Pour les assurances, nous avons également regardé quelle alternative était possible : nous sommes ainsi parvenus à 400 euros d'économie par an pour l'assurance santé. »

8. Pouvez-vous faire des économies d'énergie ?

Votre maison est-elle bien isolée ? Si non, pourquoi ne pas l'isoler un peu plus ? Un rideau devant une porte de garage et une chenille de porte peuvent limiter une déperdition de chaleur. Vous pouvez également baisser votre thermostat et ajouter un pull afin de moins chauffer.

Pensez-vous à éteindre vos appareils ? Là encore les petites économies additionnées peuvent permettre une économie substantielle.

Avez-vous recours fréquemment au sèche-linge ? Lorsqu'on court, c'est beaucoup plus rapide, mais étendre à l'extérieur est une alternative plus économique.

Concernant le four, vous pouvez faire des économies en cuisant plusieurs plats en même temps en choisissant l'option « chaleur tournante ». Des plats cuisinés peuvent ainsi être consommés immédiatement ou conservés quelques jours au réfrigérateur et plusieurs semaines au congélateur.

À noter

> **Vous trouverez plus facilement de nouvelles astuces et sources de motivation à plusieurs. Pourquoi ne pas échanger avec d'autres familles instruisant leurs enfants ou vous inscrire sur le site des familles à énergie positive[38] ?**

9. Pouvez-vous diminuer votre budget animaux ?

Vous aimez les animaux mais le coût est important… Saviez-vous qu'il est possible d'effectuer des soins à tarif réduit dans des écoles vétérinaires ? Concernant leur alimentation, n'hésitez pas à utiliser des sites Internet[39], car il n'est pas rare de trouver par exemple des croquettes à un prix largement inférieur à ce qui est pratiqué en magasin.

10. Opterez-vous pour des cours par correspondance ou des cours particuliers ?

Si vous optez pour des cours par correspondance ou des cours particuliers, le coût sera important. Pour les plus jeunes, il est possible d'utiliser le programme belge proposé par EAD[40], cela vous coûtera une trentaine d'euros pour l'inscription puis vous n'aurez plus à payer ces cours ! Il s'agit cependant du programme belge et plus l'enfant grandit, plus les programmes français et belge s'éloignent.

Les autres cours par correspondance peuvent vous coûter jusqu'à 2 500 euros par an et ouvrent le droit à l'allocation de rentrée scolaire. En outre, il est généralement possible de choisir quelques matières et non la totalité des cours. N'hésitez pas à consulter les extraits en ligne ou à en demander. Les principaux cours et un comparatif sont disponibles sur le site Apprendre avec bonheur[41].

38. www.familles-a-energie-positive.fr
39. www.zooplus.fr ; www.bitiba.fr par exemple.
40. www.ead.cfwb.be
41. http://apprendreavecbonheur.blogspot.fr/2015/11/cours-par-correspondance.html

Si vous optez pour des manuels scolaires, il est possible de profiter des annonces postées par les familles instruisant leurs enfants sur les listes de discussion des différentes associations ou bien sur les groupes Facebook à thèmes ou locaux. Il est également possible de vous rendre dans des commerces d'occasion comme Emmaüs ou sur des listes spécialisées[42].

Vivre avec moins, c'est possible

Il est possible de vivre avec moins, c'est d'ailleurs souvent la première décision que prennent les familles instruisant leurs enfants, elle n'est cependant pas systématique.

Nadine et David, parents de deux enfants, chefs d'entreprise

« On a choisi l'instruction à domicile avant même que nos enfants ne naissent. Nous avons pris le temps de construire nos carrières, puis nous avons eu deux enfants qui grandissent sans école ni cours par correspondance. Mais nous avons choisi de ne pas nous priver de ce qui est important pour nous : des coiffeurs régulièrement, des voyages souvent, de jolis vêtements fréquemment (mais en choisissant les bonnes occasions d'acheter des vêtements de qualité à des prix intéressants). Par conviction, nous avons également adopté une alimentation bio et végétarienne. »

Nadine et David pourraient acheter plus de vêtements de marque, mais ils sont aussi dans une démarche moins consumériste et plus écologique. C'est fréquemment le cas des familles sans école, mais ce n'est pas systématique. En effet les impératifs des uns ne sont pas les impératifs des autres. Le tout est de savoir ce qui vous convient à vous : quels sont vos besoins ? Sur quoi êtes-vous prêt à faire des efforts et que ne souhaitez-vous pas changer ?

42. L'occasion du matériel pédagogique sur Facebook ; https://fr.freecycle.org ; www.jedonne.org

Quelles sont vos ressources ?

Connaître vos dépenses envisagées est une première étape dans la réflexion, mais encore faut-il savoir comment les financer. La majeure partie des familles sans école n'ont en effet pas les possibilités financières de Nadine et David.

Test 6 : Quelle est votre situation professionnelle ?

Cochez les cases vous correspondant.

	Oui	Non
1. Êtes-vous un parent solo ?		
2. Vivez-vous avec un seul salaire ?		
3. Est-ce qu'au moins l'un des parents a un CDI ?		
4. Est-ce que vous travaillez tous les deux ?		
5. Est-ce qu'il est important pour tous les deux d'avoir un emploi ?		

Pistes de réflexion après le test

1. Êtes-vous un parent solo ?

Dans ce cas, est-ce que votre ex-compagnon est d'accord pour contribuer aux frais occasionnés par ce choix ?

Catherine, maman de trois enfants, divorcée

« Avec mon mari, nous avions choisi l'instruction à domicile ensemble. Puis la vie nous a séparés, mais nous avons décidé ensemble de poursuivre l'IEF. Il a été décidé que le papa paierait une pension un peu plus conséquente et que je chercherais un travail à temps partiel. J'ai ainsi opté pour du soutien scolaire à domicile. »

Il est possible d'instruire son enfant en étant séparés, mais il est important que les deux parents soient en accord avec ce choix.

Dans le cas contraire, un juge décidera si l'enfant pourra être instruit en famille – et il optera généralement pour le parent qui préfère l'école.

Parfois, un parent est totalement absent ou bien refuse de payer la pension ou de comprendre que l'instruction à domicile suppose également de prendre en compte la partie instruction. Dans ce cas, le parent solo vit grâce aux allocations pour parent isolé et allocations familiales ou il pratique un travail à temps partiel ou à temps plein. Certains parents s'organisent ainsi avec une voisine ou d'autres parents IEF afin que leur enfant ne soit pas seul durant leur absence pour raison professionnelle.

À noter

> **Pour rappel, il est interdit d'instruire ensemble des enfants de deux familles différentes (cf. article L.131-10 du Code de l'éducation, voir p. 19-20). Légalement il est possible de participer à des activités communes, pas de demander à une famille d'instruire son enfant en même temps que le ou les enfants de cette famille.**

2. Vivez-vous avec un seul salaire ?

Un grand nombre de familles instruisant leur enfant choisissent de vivre avec un seul salaire, ce n'est pas un choix réservé aux familles où le salaire perçu est important. En revanche, ces familles s'efforcent de vivre au plus près de leurs besoins et de réévaluer leurs dépenses comme nous avons commencé à y réfléchir dans le test 5 p. 78. En effet, les familles IEF utilisent abondamment le système D et les réseaux solidaires. Ainsi il est possible de faire des sorties pédagogiques en groupe avec d'autres familles IEF, le coût est ainsi réduit ou bien parfois gratuit puisque les réseaux locaux parviennent à bénéficier d'activités proposées aux groupes scolaires. De même, en regardant le site de l'office de tourisme, il est possible de découvrir des sorties gratuites ou à prix réduits. Rappelez-vous que les musées nationaux sont gratuits le premier dimanche du mois et bon nombre de musées proposent la gratuité pour les plus jeunes[43].

Ce choix d'un seul salaire est en particulier fréquent chez les familles avec des enfants en bas âge. Lorsque l'enfant devient adolescent, soit il est scolarisé, soit les familles optent fréquemment pour un revenu complémentaire, en partie parce que le coût de l'instruction est plus important en cas de cours par correspondance et/ou de cours particuliers.

3. Est-ce qu'au moins l'un des parents a un CDI ?

Dans certaines familles IEF, aucun salaire n'est fixe, tour à tour le père ou la mère travaille, ou bien l'un des d'eux alterne les contrats, tandis que le second reste auprès des enfants. Ces familles peuvent être des familles qui s'efforcent d'autoproduire leur nourriture, de limiter leur consommation.

Dans les familles sans CDI, l'un des parents peut alterner les CDD et l'autre parent effectuer des travaux saisonniers (serveur, ramasseur de pommes ou d'autres fruits, etc.).

Enfin, certains parents travaillent beaucoup durant plusieurs mois, puis toute la famille embarque pour un nouveau voyage. Sur place, soit la famille profite du séjour, soit l'un ou les parent(s) propose ses services (plongeur en cuisine, cours particuliers, etc.).

Paul, 46 ans, papa de deux enfants

« Nous sommes des semi-nomades. On a une maison qu'on retape quand on est en France, mais une bonne partie de l'année on voyage. Pendant l'été, je fais des saisons, je bosse de mai à novembre ; ma femme fait aussi quelques boulots l'été. Les enfants vont en vacances dans la famille ou chez les copains. Et puis on voyage. On est parti en roulotte, on a fait du couchsurfing, on fait des petits boulots sur place, moi surtout. C'est la belle vie ! »

43. http://www.infos-jeunes.fr/dispositifs/gratuite-des-musees-et-monuments-nationaux-moins-de-26-ans

4. Est-ce que vous travaillez tous les deux ?

Dans les familles à double revenu, il s'agit souvent d'un revenu principal et d'un revenu complémentaire. Dans ce cas, soit quelqu'un prend soin des enfants, soit ils sont suffisamment grands pour rester seuls, soit les parents se débrouillent pour que l'un des deux soit toujours présent.

5. Est-ce qu'il est important pour tous les deux d'avoir un emploi ?

Certains parents sans école ne souhaitent pas choisir entre enfant et emploi, ils décident de travailler tous les deux. Dans les faits, il est rare que leur emploi soit alors à 100 %, ou alors ils s'arrangent pour travailler beaucoup durant une période puis moins ensuite, ou encore ils mêlent leur enfant à leurs activités.

Corinne, maman de trois enfants

« Avec mon mari, nous sommes éleveurs de chèvres et les enfants participent à nos activités. Régulièrement, ils grimpent dans le tracteur avec leur père ; ils aiment aussi nourrir les chèvres. Leur principale école, c'est finalement l'école de la vie. Je suis heureuse de constater qu'il n'y a pas de séparation entre mon métier et ma vie de famille ou entre mon métier et l'instruction de mes enfants. Si on privilégie les apprentissages autonomes, chaque situation devient ainsi une occasion d'apprentissage et les enfants complètent avec quelques exercices lorsqu'on a des moments plus calmes. »

Fréquemment lorsque les deux parents travaillent, ils optent pour des cours par correspondance à compléter en leur présence, seuls ou avec des jeunes filles/hommes au pair ou un grand-parent. Sur le site de LAIA, le magazine *Les Plumes*[44] vous propose quelques exemples de familles où les deux parents travaillent.

44. http://laia.asso.free.fr/plumtrav.html

Des sacrifices sociaux ?

Lorsqu'on envisage d'instruire son enfant, on peut s'inquiéter d'une possible vie sociale réduite, soit parce qu'on renonce à travailler à l'extérieur, soit parce qu'on se demande si une partie de notre entourage nous tournera le dos, soit parce qu'on s'inquiète d'un possible isolement pour nos enfants. Dans le test suivant, je vous propose différents axes de réflexion à ce sujet.

Une vie sociale réduite ?

Test 7 : Quelle est votre fréquentation sociale ?

Cochez les cases vous correspondant.

	Oui	**Non**
1. Travaillez-vous à l'extérieur de la maison ?		
2. Vos échanges professionnels sont-ils seulement formels ?		
3. Avez-vous des amis que vous voyez souvent ?		
4. Avez-vous des activités extérieures ?		

Pistes de réflexion après le test

1. Travaillez-vous à l'extérieur de la maison ?

Si oui, la question suivante est : continuerez-vous votre activité lorsque vous choisirez l'instruction à domicile ? Si la réponse est encore « oui », peu de choses changeront, ce sera à vous de voir si vous souhaitez parler de votre choix. Aujourd'hui, un bon nombre de personnes qui n'ont pas opté pour l'IEF s'intéressent à cette alternative ou tout au moins n'y trouvent rien à redire. D'autres sont intriguées et parfois engagent la conversation à ce sujet. Enfin, quelques-unes y sont hostiles, mais dans un contexte professionnel, cette hostilité n'a pas sa place : on pourrait tout aussi bien ne pas approuver vos convictions ou non-convictions religieuses, vos goûts ou même votre physique. Un espace professionnel n'est pas le lieu pour affirmer ses convictions et, par conséquent, pour être jugé sur celles-ci.

Éric, 43 ans, papa de quatre enfants non scos, enseignant

« Je suis professeur de mathématiques dans un collège. Les élèves ainsi qu'une partie de mes collègues ignorent que je ne scolarise pas mes enfants. Même si j'apprécie mon métier, j'en ai mesuré les limites, et mes enfants ne sont jamais allés à l'école. Le directeur du collège et certains collègues sont au courant. Certains n'apprécient pas, *a fortiori* parce que je suis enseignant. Mais cela ne nous empêche pas d'avoir des relations cordiales. D'autres semblent indifférents, tandis que quelques-uns sont intrigués. En règle générale, je ne parle pas de mon choix. »

2. Vos échanges professionnels sont-ils seulement formels ?

Si vous répondez oui à cette question et à la suivante, demandez-vous si vous avez besoin de beaucoup d'échanges. Si c'est le cas, vous pouvez vous inscrire dans des associations à diverses activités. Il est probable que vous trouverez toujours des occasions pour rencontrer d'autres personnes. Là encore, cela dépend aussi de votre choix : arrêt du travail, temps partiel ou temps complet.

Valérie, 46 ans, maman de trois ados non scos

« Je ne travaille officiellement pas, dans le sens où je n'apporte pas de salaire à la maison. Mais j'instruis mes trois enfants, anime des ateliers pour des enfants dans mon groupe non sco local, suis conseillère municipale et très investie dans une association locale. Je n'arrête pas ! Entre les activités avec mes ados, les activités communales et associatives, mais également les sorties régulières en famille, je ne me sens pas isolée. Au contraire, je trouve que la non scolarisation m'a encouragée à aller vers les autres. Au début, je m'activais pour ne pas risquer qu'ils soient isolés et puis, les événements se sont enchaînés, et aujourd'hui, j'ai un emploi du temps très chargé et des contacts réguliers. »

3. Avez-vous des amis que vous voyez souvent ?

Si la réponse est positive, ils devraient en principe rester vos amis, cette question sera développée dans la sous-partie suivante. Si elle est négative, l'instruction à domicile sera peut-être une opportunité pour rencontrer de nouveaux amis. Si les familles instruisant leurs enfants ne choisissent pas cette alternative pour rencontrer plus de personnes, se retrouver dans une communauté ayant fait un choix marginal peut donner un sentiment d'appartenance à un groupe qui faisait défaut. En effet, il existe quatre grandes associations nationales[45], mais également un grand nombre de groupes locaux[46].

Si les familles sont très différentes, il n'est cependant pas rare que des liens forts se nouent, parfois, entre des familles opposées géographiquement, mais qui se sont découvert un grand nombre de points communs.

Marie et Anne, mamans sans école

« Nous avons réagi à différents sujets sur un groupe de discussion, puis, de fil en aiguille, nous avons échangé en privé. On s'est rencontrées, nos familles ont sympathisé et depuis, même si nous nous voyons peu, nous échangeons très souvent et un lien solide s'est noué. »

Un groupe où on partage des valeurs et des intérêts est toujours un lieu où on a le plus de chances de rencontrer des personnes susceptibles de nous comprendre, des personnes avec qui nous sympathisons.

45. www.lesenfantsdabord.org ; www.cise.fr ; www.laia.asso.free.fr ; www.association-unie.blogspot.fr

46. http://apprendreavecbonheur.blogspot.fr/2015/12/listes-locales-nationales-theme.html

4. Avez-vous des activités extérieures ?

Si ces activités avaient lieu pendant le temps de présence des enfants, rien ne change, vous pourrez les poursuivre. Si elles avaient lieu en dehors de leur présence, voyez si une alternative est possible : présence de l'autre parent ou d'une personne extérieure (gratuitement ou non) ; enfant assez grand pour rester seul ; changement d'horaire pour l'activité en question ; activité où l'enfant peut être présent. Si vous ne parvenez pas à trouver de solution satisfaisante pour poursuivre cette activité, voyez si vous pouvez y renoncer ponctuellement. Dans un an ou un peu plus, peut-être sera-t-il plus facile de la reprendre. En attendant, n'hésitez pas à en chercher une pour laquelle vous pourriez vous organiser.

Pourquoi ne pas également proposer un espace (temps et/ou lieu) alternatif en décidant de vous regrouper avec d'autres familles non scos pour employer une personne extérieure ou alterner un tour de rôle auprès des enfants (un après-midi par semaine ou tous les quinze jours par exemple) afin d'avoir du temps pour vous ? Certains groupes non scos ont ainsi mis en place un lieu alternatif où une forme de garderie est prévue : les enfants restent ensemble avec un adulte bienveillant, tandis que les parents partent de leur côté ou peuvent travailler ou discuter dans une pièce à côté.

Les réactions de l'entourage

L'entourage réagit-il toujours bien lorsqu'on fait le choix de l'instruction à domicile ?

Concernant l'entourage amical, certains amis sont solidaires, ils comprennent, ils approuvent, *a fortiori* si la famille a choisi de déscolariser un enfant en souffrance.

Parfois cependant, même s'il reconnaît la souffrance vécue par l'enfant et, plus encore lorsqu'il n'y avait pas de souffrance particulière, l'entourage amical ne comprend pas. À ce moment-là, il peut essayer de convaincre de scolariser. Quelquefois, il est insistant, précisant que c'est une erreur, que l'enfant sera isolé, qu'il ne parviendra pas à apprendre, qu'il faut aller à l'école. D'autres ne disent rien, et tout à coup n'invitent plus, ne répondent plus aux invitations. Le choix d'instruction à domicile perturbe leurs certitudes, ils n'ont aucune envie d'envisager une telle réalité, aucune envie de bousculer leurs habitudes alors ils s'y accrochent, quitte à se priver d'une partie de leurs amis. Parfois, les familles IEF essaient d'expliquer, mais généralement ce type d'amis ne veut pas en entendre davantage, le choix d'IEF est « n'importe quoi ». D'autres encore ne sont pas d'accord et ne disent rien. Le sujet est tabou, cela n'empêche pas les amis de partager d'excellents moments ensemble et parfois, au fil du temps ou d'une « normalisation » de la famille sans école (scolarisation), ce n'est plus un souci.

Nadia, 39 ans, maman de deux enfants non scos

« Étant donné la souffrance des enfants, l'instruction à domicile s'est imposée comme la seule solution. Nous pensions que nos amis comprendraient et la majorité a compris. Mais, du jour au lendemain, nous avons cessé d'exister pour un couple d'amis, c'était violent d'autant que nous avions besoin d'être entourés à ce moment-là. Nous n'avons pas essayé de leur expliquer davantage, ils avaient fait leur choix. Et puis, nous nous sommes fait de nouveaux amis à qui nous avons rapidement annoncé que nous pratiquions l'instruction à domicile. Jamais personne ne nous a fait le moindre commentaire, jamais nous n'avons ensuite eu l'impression que c'était un problème, même si nous savons que certains n'apprécient pas complètement. Avec ceux-là, nous n'en parlions pas et puis c'est tout. »

Concernant la famille, il est rare que toute la famille soit heureuse de ce choix. Lorsqu'elle est effectuée avant la naissance, la décision a parfois été annoncée avant que l'âge fatidique de deux ans ne se présente. L'entourage amical et familial a eu le temps de se préparer à cette idée, cependant il arrive que lorsque l'enfant a deux ans la question fuse : « Est-ce que tu l'as inscrit à l'école ? » Certains grands-parents ou proches insistent alors, expliquant le bien de l'école, la socialisation, les apprentissages précoces. En retour, les familles expliquent qu'il y a une nuance entre la socialisation, la capacité à bien se comporter en société et le contact avec les autres. Ces parents ne voient pas l'intérêt d'enfermer ensemble les enfants d'une même classe d'âge, trouvant cette sélection totalement arbitraire puisque dans la vie d'un adulte aucune profession ne classe les gens par âge ; de même on ne choisit pas ses amis ni ses relations en fonction de leur âge.

Parfois, certaines familles IEF choisissent de prendre de la distance avec les membres de leur famille lorsqu'ils sont trop insistants et envahissants. Certains essaient d'expliquer que la discussion est close, qu'ils sont les parents et que la décision leur revient. Parfois cela calme un temps les remarques entendues, parfois cela ne suffit pas.

Céline, 36 ans, maman de trois filles en IEF

« Je ne vais quasiment plus voir mes parents. À chaque fois c'est pareil : ils me demandent quand est-ce que je vais inscrire mes filles à l'école, surtout maintenant qu'elles devraient être au collège. Ils se fichent que moi j'étais mal au collège, ils disent qu'elles y seraient mieux. À chaque fois que je vais chez eux, j'ai un nœud au ventre... Des fois, je me dis que je n'irai plus, mais ce sont mes parents... »

Heureusement, toutes les familles ne sont pas aussi opposées au choix de l'instruction à domicile et il est rare qu'il n'y ait pas au moins un membre de la famille qui soit solidaire ou accepte ce choix.

Isabelle, maman de deux enfants en IEF

« Mes grands-parents et ma mère ont été formidables : quand ils ont su combien mes enfants étaient mal à l'école, ils ont tout de suite dit que l'école à la maison, c'était une bonne idée ! Ils se sont rappelé l'ennui qu'ils avaient ressenti. Ma mère s'est souvenue des autres qui n'étaient pas gentils avec elle, elle trouvait que l'école, c'était la jungle. Au début, ça ne devait pas durer et puis ça a duré, et ça dure encore. Et ils continuent d'accepter. Je crois que mes grands-parents ont parfois pensé que les enfants pourraient aller à l'école. Ils ont demandé aux enfants s'ils ne voulaient pas aller au collège, mais les enfants n'ont pas envie et ma famille n'insiste pas. »

Les membres d'une famille acceptant le choix de l'instruction à domicile, mieux encore l'approuvant, ne sont pas seulement ceux ayant dû déscolariser pour cause de souffrance scolaire. Certaines familles avec école voient ainsi grandir des enfants sans école sans que cela ne pose de problème.

La famille de Clara et Denis

« Les enfants adorent leurs cousins, ils jouent souvent ensemble. Nos parents sont d'accord ou pas, on parle de l'instruction à domicile comme on parlerait de l'école, c'est comme ça. »

La vie sociale des enfants

Et les enfants sans école, grandissent-ils avec des amis ? Ont-ils une vie sociale ? Changeons de point de vue : est-ce que tous les enfants scolarisés ont des amis ? Est-ce que tous les enfants scolarisés ont une vie sociale ? Comme me l'a fait remarquer une jeune fille qui a grandi sans école : pourquoi pose-t-on toujours cette question pour un enfant sans école et jamais pour un enfant avec école ? Combien d'entre nous ont pourtant vécu des années sans ami à l'école ? Combien y ont connu le rejet ? Le harcèlement ? Et pourtant, sauf circonstances particulières, je n'ai jamais entendu quelqu'un demander à un enfant ou ado scolarisé : « Tu as des amis au collège/lycée ? Est-ce que tu es rejeté ? Harcelé ? »

De plus, tous les jeunes n'ont pas les mêmes besoins. Si certains enfants aiment être entourés de beaucoup d'enfants, d'autres préfèrent être en petit comité ou même avoir de fréquents moments solitaires ; c'est également le cas d'un certain nombre d'adultes. La question devrait donc être la suivante : « Est-ce que ta vie sociale te convient ? »

Pour se rencontrer, certains enfants peuvent participer à des activités qui les rapprochent, ils sont voisins, ils sont allés à l'école ensemble ou encore ce sont des amis d'amis ou des enfants d'amis de leurs parents. Plus les familles non scos rencontrent de personnes, plus leur enfant a de chances de rencontrer d'autres enfants ou personnes avec qui sympathiser.

Se rencontrer régulièrement ne garantit aucune amitié, c'est également le cas lorsqu'on est scolarisé. Mais lorsqu'on ouvre son cœur, l'amitié peut surgir n'importe où. Pour cela, mieux vaut donc s'affranchir d'une norme artificielle : un enfant ou un ado peut ainsi parfaitement nouer un lien sincère et durable avec un enfant ou un ado plus jeune, ou même avec un adulte.

Lalie, 10 ans

« Je n'ai pas vraiment d'amis enfants. Parfois, je rencontre d'autres jeunes dans le groupe non sco local mais je suis la plus grande et j'ai un peu l'impression de jouer à la maman avec eux. Dans un atelier de peinture où seules des personnes âgées étaient inscrites, j'ai rencontré Gilles. On a sympathisé et on est devenus très amis. Gilles a plus de 60 ans et moi 10, mais on est très complices. »

Si un enfant a généralement besoin de jouer avec d'autres enfants, il peut également se satisfaire de rencontres ponctuelles avec d'autres enfants et nouer une relation privilégiée avec un frère ou une sœur. L'instruction à domicile permet en effet d'apprendre à mieux se connaître, de se rencontrer vraiment. Parfois, des enfants scolarisés eux-mêmes préfèrent jouer avec leur frère ou leur sœur avec qui ils entretiennent une belle amitié.

La vie sociale des ados

Lorsque l'enfant devient ado, il a besoin d'élargir son champ de réflexion, de se confronter à d'autres opinions, de rencontrer d'autres personnes. C'est pourtant à cette époque qu'il devient plus difficile de rencontrer d'autres ados non scos. Les grands sont plus rares dans les groupes non scos et les jeunes désormais scolarisés sont souvent trop concentrés sur leur nouvelle vie pour maintenir un contact régulier. Si en plus l'entourage des parents ne compte pas beaucoup de jeunes, le jeune peut se sentir plus isolé. Différentes activités peuvent alors lui être proposées :

- activité culturelle ou sportive ;
- clubs divers sans se soucier de l'âge des participants ;
- investissement dans une association ;
- participation à des activités organisées par la commune ou la maison des jeunes ;
- club local des ados ;
- proposition d'activités bénévoles : lecture à des personnes âgées, sortie des animaux, aide à la SPA ou LPO locale, etc. ;
- éventuellement passer un mot sur une liste nationale ou encore s'inscrire sur un groupe destiné aux plus grands[47].

47. Sur Facebook : IEF Préados et Ados ; IEF Collège ; Planète IEF Ados ; Lycée et + sans école.

Camille, 14 ans, non sco

« J'ai quelques amis scolarisés, mais surtout des amis non scos et de jeunes adultes rencontrés dans des activités alternatives (marché bio, engagement écologique). Je participe à des fêtes régulièrement, et même récemment à un campement avec des amis où les seuls adultes étaient les jeunes du groupe. Le fait que j'ai 14 ans lorsque d'autres en ont 22 ne pose problème à personne : on est sur la même longueur d'ondes. »

Comme pour les plus jeunes, les activités peuvent permettre de rencontrer d'autres jeunes. Souvent les jeunes déscolarisés conservent leurs amis, c'est en revanche plus compliqué pour les jeunes qui ont souffert d'isolement ou de harcèlement dans leur établissement scolaire, mais aussi pour un certain nombre de jeunes qui ont grandi sans école.

Sophia et Tatiana, 14 et 15 ans, non scos

« Depuis un an, nos amies scolarisées ont changé d'attitude. Elles nous invitent moins souvent, elles ne trouvent plus "cool" qu'on n'aille pas à l'école. Et puis, elles parlent beaucoup de garçons et de vêtements, alors que ça ne nous intéresse pas vraiment. Maman nous a inscrites chez les scouts en pensant qu'on partagerait ainsi les mêmes valeurs que les filles inscrites, et on adore ! »

Parfois, les familles choisissent alors de se rapprocher d'une grande ville afin que leur jeune ait plus d'opportunités pour rencontrer d'autres personnes.

Il arrive que les parents s'inquiètent parce qu'on répète qu'un ado doit vivre entouré d'un groupe pour aller bien mais, pourtant, bien des jeunes vont bien sans avoir de groupe attitré. Être trop tôt dans un groupe peut d'ailleurs avoir l'effet inverse : par désir d'intégration, le jeune adopte souvent des attitudes qui ne lui correspondent pas vraiment, des comportements pas toujours respectueux ou l'incitant à se mettre en danger. Les jeunes qui sont entrés dans l'adolescence sans école apprennent à se connaître et à évaluer leurs besoins sans la pression ressentie au collège ou au lycée, et ils ne ressentent pas le besoin de devoir plaire pour être acceptés. Le tout est qu'ils se sentent bien dans leur vie d'ado.

La vie d'un parent sans école

Vivre 24 heures sur 24 avec son enfant est un choix source de nombreuses joies. Cependant, chacun de nous a le besoin plus ou moins important d'avoir des moments à soi. Instruire son enfant ne signifie pas dédier sa vie à son enfant. Ci-dessous, un petit test vous aidera à identifier les points pouvant éventuellement poser problème et des pistes afin d'éviter que ce soit le cas.

Test 8 : Quelles pourraient être vos difficultés ?

Cochez les cases vous correspondant.

	Oui	**Parfois/ souvent**	**Non**
1. Imaginez-vous passer toute la journée avec vos enfants ?			
2. Avez-vous tendance à vous hyper-responsabiliser ? À vous sentir responsable de tout ?			
3. Parvenez-vous à vous accorder des pauses ?			
4. Éprouvez-vous des difficultés à gérer votre temps ?			
5. Connaissez-vous vos besoins ?			
6. Avez-vous tendance à exiger de vous toujours plus ?			
7. Attendez-vous beaucoup de votre enfant ?			
8. Êtes-vous à l'écoute de votre enfant ?			
9. Avez-vous une bonne capacité d'adaptation ?			
10. Est-ce que le papa et la maman sont pour ce choix ?			

Pistes de réflexion après le test

1. Imaginez-vous passer toute la journée avec vos enfants ?

Si la réponse est positive, l'instruction à domicile permet de vivre des moments privilégiés avec ses enfants, de partager des moments de découverte, des moments de tendresse, d'apprendre à mieux se connaître les uns et les autres. Lorsque l'instruction à domicile a été imposée par les circonstances, tout dépend de la famille : si l'enfant ou le parent constamment à la maison a des besoins de solitude, cela peut être difficile.

Béatrice, maman de deux enfants en IEF, dont un enfant TDAH[48]

« J'adore mes enfants, mais je n'en pouvais plus de toujours m'occuper de tout le monde. Finalement, je me suis inscrite comme bénévole dans une association. Chaque samedi, mon compagnon prend le relais, ces moments sont importants pour moi. À la maison, j'essaie aussi d'avoir des moments à moi pour coudre. Ce n'est pas facile car mon petit dernier est TDAH et il vient très souvent m'interrompre alors je suis souvent fatiguée. »

Vivre 24 heures sur 24 avec son enfant peut s'avérer plus difficile si un ou plusieurs enfants ont des besoins particuliers. Dans ces situations, l'entourage a un rôle indispensable à jouer. Le mari de Béatrice a entendu qu'elle avait besoin d'exister en dehors de la maison et de la famille ; il a donc naturellement pris le relais. Peut-être pourrait-il aller plus loin encore en lui proposant une ou deux soirées de liberté durant la semaine. Parfois, les parents à la maison ayant choisi d'instruire leur enfant n'osent pas exprimer leurs besoins d'autant qu'ils aiment souvent être avec lui ou parce qu'il a des besoins importants. Mais instruire son enfant ne signifie pas vivre uniquement pour son enfant. Ainsi, nous sommes nombreux à avoir une vie en dehors de

48. TDAH : Trouble du déficit de l'attention avec hyperactivité.

l'instruction à domicile et à pratiquer différentes activités qui nous apportent les bulles nécessaires à notre équilibre.

Ce besoin diffère bien sûr d'une personne à l'autre, et un parent à la maison peut aussi aimer être avec ses enfants 24 heures sur 24 sans avoir besoin d'activités à l'extérieur. Ce besoin évolue parfois lorsque l'enfant grandit.

Enfin, si dans la famille IEF les deux parents travaillent, aucun des deux ne vit 24 heures sur 24 avec son enfant. C'est finalement une question de choix familial, comme ça l'est lorsqu'un parent quitte la maison pour son emploi tandis que l'autre parent est en congé maternité.

2. Avez-vous tendance à vous hyper-responsabiliser ? À vous sentir responsable de tout ?

Si la réponse est négative, tant mieux, l'instruction à domicile ne devrait pas changer la donne. Si la réponse est positive, instruire son enfant peut alors entraîner de sérieux nœuds dans l'estomac. Le parent est en effet responsable de l'éducation de l'enfant, mais également de son instruction. Au moindre problème, au moindre petit heurt, une personne hyper-investie se sent responsable. C'est d'autant plus vrai qu'on attend davantage des familles IEF, et les contrôles pédagogiques sont souvent une situation de stress intense pour les familles sans école.

De plus, au moindre souci, certains membres de l'entourage rétorquent que c'est la faute de l'instruction à domicile et qu'il vaudrait mieux scolariser… Si un parent scolarisant est fatigué ou si son enfant peine à apprendre, est-ce la faute du parent ou même de l'enfant ? Un problème peut être ponctuel et la recherche d'un responsable ne résout rien. Le parent a parfois simplement besoin de soutien dans un moment difficile, comme cela peut être le cas pour un parent scolarisant.

Christine, maman d'un enfant Asperger

« Quand on a commencé l'instruction à domicile, on ne savait pas. Notre enfant était différent, on voyait bien que l'école, ça n'allait pas. On croyait qu'à la maison tout irait bien et puis non ! J'en étais malade ! Je passais mon temps à me demander ce que je faisais de travers. Sur Internet, j'avais lu tellement de trucs où l'enfant allait mieux et le mien était toujours nerveux... Et puis un psy nous a annoncé qu'il était Asperger et le ciel m'est tombé sur la tête ! C'était à la fois une délivrance et une souffrance. C'était quoi son avenir ? Qu'est-ce que j'avais fait de travers ? Mon mari s'est fâché, il m'a dit que je n'y étais pour rien, qu'il fallait que j'arrête, qu'à l'école c'était pire. Depuis, j'essaie de ne pas l'oublier. »

Dans le cas de Christine, son enfant a un profil particulier et pourtant elle se sent responsable ! Différents groupes[49] existent pour les familles où les enfants ont des besoins particuliers : ces groupes sont un soutien important et un lieu où on peut apprendre à déculpabiliser.

D'autres se sentiront coupables si le programme change et qu'ils ne l'ont pas suivi ou si leur enfant tarde à acquérir une notion ou une compétence. Or aucun parent n'a le pouvoir d'accélérer le rythme personnel de son enfant. En revanche, à trop culpabiliser, à trop s'inquiéter, on peut angoisser son enfant et retarder son rythme personnel, nous y reviendrons. Si un enfant a besoin de plus de temps, ce n'est pas la faute du parent ou même de l'enfant !

D'autres encore se sentiront responsables parce que leur enfant peine à avoir des amis. Ce dernier peut ne pas savoir comment faire ; il peut aussi ne pas avoir rencontré les personnes lui convenant. De plus, certains enfants reproduisent des comportements parentaux peu tolérants (rejet de l'école à la maison), et puis, surtout, l'amitié ne se décrète pas plus que l'amour ! Manquer

49. Associations spécifiques autour de l'autisme, de la dyslexie, etc. ; Association d'instruction à domicile : Cise profils spéciaux (liste interne) www.cise.fr ; sur Facebook : Autisme et IEF ; Burn out et IEF ; DYS et IEF ; EIP en IEF ou précocité et école à la maison ; Instruction à domicile et troubles d'apprentissage.

d'amis n'est pas une faute parentale. L'enfant n'a pas à culpabiliser non plus, il n'est pas plus responsable qu'un enfant subissant du harcèlement à l'école. Cependant, si l'enfant attend trop des autres, on peut lui expliquer que l'autre n'est pas un double de soi, que peut-être il ne vivra pas l'amitié dont il a rêvé, mais que les autres peuvent tout de même beaucoup lui apporter.

À noter

> **Mettre un enfant au monde signifie avoir la responsabilité de prendre soin de lui, cela ne signifie pas être responsable de chacune de ses difficultés, cela n'implique pas de culpabiliser pour tout. N'oublions pas que nous sommes avant tout des humains, des êtres imparfaits et, même si nous commettons des erreurs, l'amour et le désir de s'améliorer et de corriger ses erreurs sont plus utiles que l'auto-flagellation.**

3. Parvenez-vous à vous accorder des pauses ?

Parfois, le parent IEF à la maison se sent plus ou moins investi d'une mission et pense tellement au besoin de son enfant qu'il oublie de s'accorder des pauses. Si l'enfant interroge, il faut absolument lui répondre au risque de couper son désir d'apprendre.

Mon témoignage avec deux filles instruites en famille

« Lorsque nous avons commencé l'instruction à domicile, tout le monde était très enthousiaste. Absolument tout fascinait mes filles. Il fallait chercher à en savoir plus sur cette libellule posée sur la main, comprendre pourquoi l'eau coulait dans ce sens et pas dans l'autre, etc. L'une des filles réclamait également des exercices de maths toujours plus compliqués. Et moi, je répondais présente. Si je cuisinais, je m'interrompais et répondais. Si je m'apprêtais à entamer une activité personnelle ou même si j'effectuais des recherches pour elles, je m'interrompais aussitôt. Un soir pourtant, alors que l'une voulait faire des maths à 23 h 30 et que j'étais épuisée, j'ai réalisé que ça ne me convenait plus. Alors je leur ai expliqué qu'il y aurait des moments où je serais totalement disponible (entre 8 h et 16 h 30) et d'autres où je le serais moins. Parfois je répondrais présente, parfois elles chercheraient seules… »

Instruire son enfant ne signifie pas devoir répondre constamment. La plupart des parents sans école encouragent leur enfant à chercher seul la réponse qui lui manque : en expérimentant, en cherchant dans des dictionnaires, dans des livres, et en effectuant des recherches sur Internet. Les enfants aiment alors partager leurs découvertes et si s'interrompre pour réaliser des exercices ou chercher des informations est souvent chronophage, écouter un enfant partager ses découvertes peut l'être moins. Si l'activité de l'adulte demande un effort de concentration ou si le besoin de pause est important, on peut l'expliquer à l'enfant. Cette demande sera plus facilement comprise si on respecte également ses besoins de pause à lui et bien sûr si notre propre demande tient compte de son âge et de ses besoins particuliers. En effet, un petit enfant ne comprendra pas qu'on lui demande d'attendre une heure.

Quant aux pauses qu'on s'accorde, elles peuvent prendre différentes formes : des activités extérieures (balade en pleine nature ou sortie shopping), un moment de lecture ou de méditation (seul ou en famille), un thé chaud pris en tête à tête avec soi-même ou bien avec son ou ses enfant(s). Une douche sera énergisante pour d'autres tandis qu'un jeu de société est la pause préférée de plusieurs familles IEF. Une pause peut également être un break pris en famille : tout le monde est fatigué, l'instruction pèse et la famille part s'aérer quelques heures ou quelques jours à la montagne, à la mer ou dans le lieu qui lui convient. Le tout est de trouver la pause qui nous convient : courte ou longue, personnelle ou familiale, lorsqu'on en a besoin et sans aucune culpabilité.

4. Éprouvez-vous des difficultés à organiser votre temps ?

Si la réponse est négative, aucun souci pour vous ! Si la réponse est positive, je vous encourage à lire le chapitre 6.

5. Connaissez-vous vos besoins ?

Si oui, tout va bien. Si non, il peut être utile d'y réfléchir. Détachez-vous de ce qu'on répète qu'un homme ou une femme a besoin. De quoi avez-vous besoin, vous ? De temps sans vos enfants ? D'activités extérieures ? De pauses courtes ou longues ? Quelles sont les moments qui vous reposent ou vous ressourcent ? Avez-vous besoin de challenges personnels ? Et si oui, de quels types de challenges : sportifs, culturels, personnels ?

Sabrina, 29 ans

« Tous les dimanches matins, je cours. Seule. C'est mon moment à moi. »

6. Avez-vous tendance à exiger de vous toujours plus ?

Si non, tout va bien ! Si oui, il est probable que vous faites également partie des parents qui culpabilisent pour tout. Chercher à s'améliorer est une qualité, mais si vous n'êtes jamais satisfait de ce que vous réalisez, si vous cherchez toujours à en faire plus, vous ne pourrez jamais être heureux.

Interrompez-vous quelques minutes : pourquoi vous en demandez-vous autant ? Plongez dans votre histoire personnelle : a-t-on pris l'habitude de se reposer sur vous ? Au contraire, avez-vous eu l'impression qu'on vous sous-estimait et ne vous sollicitait pas assez ?

Accordez-vous le droit à l'erreur. La Terre ne cessera pas de tourner parce que vous n'avez pas correspondu aux exigences que vous vous étiez fixées. Elles sont impossibles à tenir.

Lorsqu'une famille commence l'instruction à domicile, *a fortiori* lorsque ce choix a été imposé par les circonstances, il n'est pas rare que le parent le plus présent attende de lui l'impossible : il veut réparer son enfant, s'informer sur la meilleure instruction possible, se montrer disponible, ouvert et patient, connaître ses droits et ses devoirs, répondre aux exigences des contrôles mais ne pas être malmené ni laisser malmener son enfant… Jusqu'au moment où il s'épuise ! Deux options se présentent alors :

- Le parent comprend qu'il ne peut pas assurer sur tous les plans, qu'il commettra des erreurs, qu'il est nécessaire de s'accorder une marge de manœuvre, qu'il s'agacera parfois. Il accepte de se tourner vers d'autres familles IEF, en particulier vers les associations qui offrent des informations fiables sur la législation. Il comprend également que les blogs sur l'instruction à domicile[50] qu'il découvre montrent une réalité tronquée et que les doutes et les erreurs ne sont pas toujours évoqués.
- Le parent continue d'attendre trop de lui et finit par trop attendre de l'enfant.

7. Attendez-vous beaucoup de votre enfant ?

Votre enfant est calme, serein, il ne semble pas être perturbé par ce que vous lui demandez. Votre enfant est agité, particulièrement obéissant (trop ?), a-t-il un profil particulier ou bien se sent-il perturbé par vos attentes qu'il ne parvient pas à combler ?

Si le parent attend beaucoup de lui, s'il désire tout mettre en œuvre pour que son enfant soit équilibré, cultivé, qu'il obtienne de bons résultats, qu'il soit à l'aise avec l'autre, le risque de trop attendre de lui est réel. Or tout être vivant apprend avant tout pour lui, non pour autrui. Cherchez à créer une atmosphère favorisante, non une atmosphère chargée d'attentes. Si l'activité lui a convenu, il ne sera pas sans retenir telle ou telle information, peut-être pas celle que vous aviez prévue, mais n'en sous-estimez pas l'intérêt ni même la possibilité qu'une autre information ressurgisse plus tard.

50. http://apprendreavecbonheur.blogspot.fr/2015/12/blogs-familles-sans-ecole.html

De même, un enfant est envahi d'émotions. Accordez-lui le temps de grandir, de mieux maîtriser ses émotions. Une émotion entendue et respectée est une émotion qui sera mieux apprivoisée. Lorsque vos propres émotions débordent, autorisez-vous à sortir de la pièce, à hurler dans votre voiture ou dans un coussin. Et si vous hurlez sur votre enfant, faute d'être parvenu à écouter les petits signaux montrant que vos besoins n'étaient pas satisfaits, pensez à vous excuser auprès de lui, il peut en avoir besoin. Expliquez que vous aussi vous êtes un être imparfait et que finalement notre humanité s'enrichit de nos imperfections. Il est plus facile de vivre lorsqu'on a le droit d'être imparfait.

8. Êtes-vous à l'écoute de votre enfant ?

Si vous avez pour habitude d'écouter la parole de votre enfant, de prendre en compte son rythme personnel (par exemple attendre qu'il soit prêt pour un apprentissage comme ce fut le cas pour le pot sans menaces ni punitions), l'instruction à domicile a de bonnes chances d'être bien vécue.

Être à l'écoute de son enfant signifie cependant être à l'écoute de ses besoins fondamentaux, cela ne signifie pas oublier les siens ; le tout est de parvenir à concilier les deux. Lorsqu'on vit ensemble jour après jour, s'écouter et tenir compte de l'autre permet de se simplifier la vie, de mieux vivre ensemble.

Trouver l'équilibre familial prend plus ou moins de temps.

9. Avez-vous une bonne capacité d'adaptation ?

Nous n'avons pas tous le même tempérament. Certains sont de véritables caméléons capables de s'adapter très vite à une nouvelle situation et/ou à l'autre, tandis que d'autres éprouvent plus de difficultés parce qu'ils aiment que les choses soient balisées. Il est cependant possible de créer un cadre souple qui s'adapte à l'enfant.

Il importe également de retenir qu'il est impossible de tout décider et programmer. L'instruction à domicile est aussi très riche en cela puisqu'elle permet de s'adapter particulièrement à l'enfant mais également aux événements qui se produisent y compris si l'événement est un oiseau qui se baigne à côté de la fenêtre. Là encore, différents parents commencent l'instruction à domicile en éprouvant des difficultés d'adaptation aux besoins personnels de l'enfant mais aussi à cette nouvelle réalité sans école (en particulier lorsque l'instruction à domicile a été imposée par les circonstances) ; ce sont souvent le soutien et l'écoute rencontrés qui leur permettent d'apprendre à mieux s'adapter.

10. Est-ce que le papa et la maman sont pour ce choix ?

La question est importante car parfois l'instruction à domicile est difficile parce que l'un des parents est en réalité réfractaire à ce choix ; quelquefois les enfants apprécient tout de même ce choix, mais parfois ils sont tiraillés entre les deux parents et les conflits sont fréquents, trop fréquents… La confiance en son choix vacille, mais également la confiance en soi… L'instruction à domicile devient alors difficile. Il est important de privilégier le dialogue et de voir quel compromis ou quels choix d'instruction permettront à la famille d'être plus sereine. L'instruction à domicile ne se pratique pas seul, c'est pourquoi il est important que chacun s'implique, même en acceptant simplement le choix réalisé pour lui donner une vraie chance de fonctionner.

Penser à soi

Penser à soi, c'est accepter de passer du temps hors de la présence des enfants lorsqu'on en ressent le besoin.

Penser à soi, c'est accepter de ne pas être responsable de tout. Chacun de nous peut seulement assumer ses choix et ses actes, aucun d'entre nous n'a une influence totale sur tout, aucun de nous n'est totalement responsable : acceptons de ne plus nous hyper-responsabiliser.

Penser à soi, c'est s'accorder des pauses, des moments « bulle ». Pour ma part, lorsque j'en ai besoin, j'annonce à mes filles que j'ai besoin d'un moment à moi et je m'isole dans le lieu de mon choix durant quelques instants ou un peu plus. Bien sûr, elles aussi ont leurs moments « bulle ».

Penser à soi, c'est apprendre à écouter et à respecter ses besoins.

Penser à soi peut aussi passer par une meilleure gestion de son temps pour ne plus se sentir débordé[51].

Penser à soi, c'est apprendre à moins attendre de soi et de son enfant.

Enfin, c'est parvenir à être en accord entre parents sur une décision aussi fondamentale que le choix d'instruction de l'enfant afin que l'équilibre de chacun soit préservé.

L'essentiel à retenir

Si l'instruction à domicile est un choix pouvant avoir des conséquences financières, il s'avère que ce choix peut prendre plusieurs formes : bon nombre de familles sans école ont un seul revenu, mais tous les profils sont possibles et certains parents travaillent tous les deux.

D'autre part, instruire son enfant est parfois un choix incompris par l'entourage et cette décision est parfois source de conflits. Pour autant, une vie sociale équilibrée est tout à fait possible.

Enfin, il est important de ne pas oublier de penser à soi lorsqu'on instruit son enfant. Heureusement, au fil des ans et de la pratique, on apprend davantage à s'écouter et à écouter son enfant.

51. Voir chapitre 6.

CHAPITRE 5

L'INSTRUCTION À DOMICILE, UNE RÉALITÉ UNIQUE ?

Au programme

- Les cours par correspondance
- L'instruction à domicile : l'école à la maison et les apprentissages autonomes
- L'instruction à domicile : autant de réalités que de familles
- L'essentiel à retenir

Afin de réfléchir aux différentes organisations, il importe de connaître les différents visages que peut prendre l'instruction à domicile (comprenant une instruction complète assurée par des cours par correspondance et l'instruction à domicile). Une partie des enfants sans école en présentiel suivent des cours par correspondance avec un programme complet ou bien simplement avec quelques matières. Les enfants instruits en famille suivent un programme imaginé par un parent ou apprennent en autonomie. Entre toutes ces réalités, il existe une grande variation de possibles.

Test 9 : Savez-vous comment apprennent les enfants et adolescents sans école ?

	Oui	Non
1. Avec le CNED[1] ?		
2. Avec des cours par correspondance ?		
3. Avec des cours particuliers ?		
4. Avec un tableau noir, des horaires et le même programme qu'à l'école ?		
5. Sans horaires, sans programme, sans supports scolaires ?		

Bravo si vous avez répondu « oui » à toutes ces propositions. Elles correspondent en effet à des réalités différentes que nous allons à présent découvrir.

Les cours par correspondance

Le CNED réglementé

Le cours par correspondance le plus utilisé est celui du CNED, qui peut être utilisé en formule libre ou réglementée. Le contenu des deux formules est identique. La formule libre est payante et ne nécessite aucune autorisation ; on peut y opter pour une partie des matières ou la totalité. Formule la plus couramment utilisée, le CNED réglementé est gratuit et soumis à l'accord du DASEN[52] après réalisation d'un dossier d'inscription[53]. Aucune déclaration et aucun contrôle pédagogique ne sont prévus puisqu'il s'agit d'une forme de scolarisation à domicile acceptée pour des raisons particulières justifiant la demande : éloignement géographique, problème médical, besoins éducatifs particuliers, ou activité artistique ou sportive intense.

52. Directeur académique des services départementaux de l'Éducation nationale.

53. À demander au CNED sur son site (http://cned.fr) ou par voie postale : CNED- BP 60200- 86980 Futuroscope Chasseneuil Cedex.

Une fois l'accord donné, le DASEN indique le niveau du cours suivi. Les élèves suivent le programme de l'Éducation nationale et doivent envoyer des devoirs à des périodes fixes. Le programme du CNED est réputé pour être dense, régulièrement d'un niveau plus élevé que le niveau en vigueur en classe. Cependant, un bon nombre de familles lui reprochent de ne pas toujours être clair.

Les autres cours par correspondance

Différents cours par correspondance sont disponibles. Il est parfois possible de s'inscrire durant un trimestre seulement ou bien pour une ou plusieurs matières. Les jeunes suivent le programme de l'Éducation nationale lorsque le cours choisi est agréé par celle-ci, et des devoirs sont à rendre. En plus du CNED libre, voici quelques autres cours par correspondance (par ordre alphabétique) :

- cours académiques : www.coursacademiques.fr
- cours Legendre : www.cours-legendre.fr
- cours PI : www.cours-pi.com
- cours Sainte-Anne : www.sainteanne.net
- cours Valin : www.coursvalin.com
- cours Vladimir : www.coursvladimir.com
- école Ker Lann : www.ecolekerlann.org
- EPC : www.epceducation.com
- Hattemer : www.hattemerdistance.net

Le prix des cours par correspondance peut s'avérer important (jusqu'à 2 500 €/an).

Un certain nombre de familles utilisent également les cours EAD[54] qui sont des cours belges. Ceux-ci ne suivent pas le programme de l'Éducation nationale française, mais le

54. www.ead.cfwb.be

programme belge. Le premier avantage de ces cours est leur coût puisqu'il est de 35 euros à vie ! Le second est lié à l'attitude des enseignants car ils sont très encourageants et à l'écoute. Pour le niveau primaire, des familles apprécient la qualité des cours. Attention, le programme devient de plus en plus éloigné du programme français au fil des années, et il sera alors difficile de préparer les diplômes français en les utilisant.

Lou-Anne, 12 ans

« Ma prof d'italien est super ! Dès mon inscription, elle a commencé par se présenter et me dire que si j'avais besoin elle serait là. Elle m'encourage beaucoup. »

En pratique, certaines familles utilisent un cours puis en changent, quand d'autres restent fidèles au même cours durant plusieurs années. Régulièrement, les familles qui déscolarisent commencent par utiliser un cours par correspondance puis, lorsque ce choix se poursuit, il est fréquent que les cours soient abandonnés au profit de nouveaux choix où les parents prennent en charge l'instruction de leur enfant. En effet, si l'enfant a quitté le système scolaire car il ne lui correspondait pas, il y a de fortes chances que les cours par correspondance ne lui correspondent pas non plus. Ceux-ci conviennent davantage aux enfants déscolarisés pour cause de « non école » disponible, harcèlement, bruit trop présent en classe, bousculades, etc. En revanche, ils conviennent souvent peu aux enfants et jeunes à profil particulier (dys), à ceux qui n'apprécient pas de rendre des contrôles de manière récurrente, à ceux qui ont besoin d'apprendre autrement.

Cependant, lorsque l'enfant devient adolescent, les parents optent fréquemment pour des cours par correspondance, sans que cela soit systématique, en particulier si l'instruction à domicile sans cours par correspondance existe depuis de longues années.

L'instruction à domicile : l'école à la maison et les apprentissages autonomes

Sans cours par correspondance, l'instruction est prise en charge par les parents. Deux grandes tendances sont possibles : une reproduction de l'école à la maison ou bien des apprentissages autogérés. Entre les deux, bien des options sont possibles, nous en parlerons plus loin (voir p. 128).

Test 10 : Quelle solution est celle qui vous correspond ?

Cochez les cases vous correspondant.

	Oui	+ ou -	Non
1. Pensez-vous que des horaires fixes sont nécessaires pour étudier ?			
2. Pensez-vous qu'il y a un temps pour étudier et un temps pour être en vacances ?			
3. Un lieu dédié aux apprentissages est-il indispensable ?			
4. Pensez-vous qu'un programme prédéfini soit nécessaire ?			
5. Est-ce que tous les apprentissages fondamentaux doivent être imposés ?			
6. Est-ce à l'adulte de choisir le contenu des apprentissages ?			
7. Est-il indispensable de compléter des cahiers ?			
8. Les manuels scolaires vous semblent-ils indispensables ?			
9. Faut-il évaluer le travail d'un enfant ?			
10. Visez-vous l'excellence pour votre enfant ?			

Si vous avez répondu oui à chacune des questions, il est probable que le modèle de l'école à la maison soit celui qui vous convienne.

Si vos réponses sont plus mitigées, il est vraisemblable qu'une solution intermédiaire soit plus proche de ce qui vous correspond.
Si vos réponses sont négatives, il est probable que le système des apprentissages autonomes soit celui qui vous convienne.

Mais découvrons à présent quelques précisions concernant le modèle de l'école reproduit à la maison.

L'école à la maison (ou *homeschooling*)

Des horaires fixes

Dans les familles pratiquant un modèle d'école à la maison, des horaires fixes sont établis : soit la période d'études est organisée le matin à partir de 8 heures jusqu'à midi ou 13 heures ; soit une courte pause est prévue le midi afin de pouvoir s'arrêter en début d'après-midi ; soit les enfants étudient de 9 heures à midi puis de 14 heures à 16 heures. Ces horaires sont cependant différents d'une famille à l'autre et, régulièrement, en fonction de l'âge des enfants.

Fabienne, maman de quatre enfants

« Au niveau primaire, les études ont lieu de 8 h 30 à 11 h 30, tandis qu'au niveau collège, des apprentissages sont également prévus l'après-midi entre 12 h 30 et 15 h 30. Pendant ce temps, le plus jeune effectue des activités d'éveil (documentaires, lectures, bricolages) ou bien il joue. »

Un temps pour étudier, un temps pour les vacances

Les familles « école à la maison » choisissent de suivre les vacances scolaires ou optent pour des vacances en fonction de leurs propres choix (voyage prévu, actualité particulière de la famille, fatigue).

Un lieu dédié aux apprentissages

Un certain nombre de familles « école à la maison » ont une pièce dédiée aux apprentissages ou un espace classe organisé dans une pièce de la maison. Parfois, un tableau est accroché au mur afin que le parent puisse noter des notions, demander à l'enfant de réaliser des exercices ou de présenter un exposé. Souvent, des posters liés aux apprentissages sont accrochés ici et là. Les familles ayant opté pour une approche Montessori (voir p. 153) créent souvent une très jolie pièce dédiée à la pédagogie choisie.

Cependant, tout le monde n'a pas la possibilité d'avoir un tel espace, et la cuisine ou la salle à manger peuvent alors se transformer en salle de classe au moment des apprentissages. Dans ce cas, des étagères permettent d'accueillir les différents cahiers et classeurs.

Un programme à suivre

Les familles « école à la maison » suivent le programme en vigueur, ou bien estiment que celui-ci n'est pas suffisamment riche et elles l'enrichissent avec des programmes plus anciens. Autre cas de figure, l'enfant suit le niveau de sa classe d'âge, mais des notions plus poussées sont également présentées. Régulièrement, l'enfant suit un programme plus ambitieux qu'un enfant scolarisé du même âge.

Tout en suivant de très près ce qui est attendu à l'âge de leur enfant, les familles « école à la maison » s'adaptent généralement au programme. Lorsque l'enfant éprouve des difficultés, une famille « école à la maison » peut choisir de suivre le programme de la classe d'âge antérieure ou alterner entre les apprentissages de différentes classes d'âge.

À noter

> **Les programmes en vigueur peuvent être découverts sur le site Eduscol[55].**

Des apprentissages imposés

Dans une famille « école à la maison », tous les apprentissages fondamentaux occupent une place importante, en particulier le français et les mathématiques, mais aussi l'histoire/géographie, les sciences et régulièrement l'anglais. L'enfant n'a pas le choix, il doit étudier les matières choisies par ses parents.

Caroline, maman d'un ado de 13 ans

« À l'école, les enfants ne passent pas assez de temps sur la grammaire, la conjugaison et l'orthographe, c'est pour ça que les jeunes ne savent plus écrire ! À la maison, il y a une dictée de 10 minutes tous les jours et d'autres exercices en français, c'est indispensable. »

Le contenu des apprentissages

Même dans une famille s'appliquant à reproduire le modèle de l'école à la maison et où le contenu des apprentissages est choisi par les parents, il n'est pas rare qu'un intérêt de l'enfant soit suivi à partir du moment où les apprentissages fondamentaux sont assurés.

Des cahiers et manuels scolaires

Les cahiers et manuels scolaires sont indispensables dans une pratique « école à la maison ». Pour les plus jeunes, la méthode Boscher ou des méthodes de lecture syllabique sont régulièrement choisies. Les manuels de la Librairie des écoles[56], en

55. http://eduscol.education.fr/pid23200/programmes-et-accompagnements.html
56. www.lalibrairiedesecoles.com

particulier la méthode Singapour[57], sont très fréquemment utilisés. C'est également le cas pour des manuels avec apprentissages transversaux tels que *Le français à la découverte de l'histoire/géographie* aux éditions Hachette.

Enfin, il est courant que les familles « école à la maison » se tournent vers des manuels anciens[58] car elles sont régulièrement plus satisfaites du niveau proposé par ces manuels que par les manuels actuels.

Virginie, maman de trois enfants

« J'ai commencé avec les manuels que mon fils utilisait à l'école, et puis je me suis aperçue que le contenu était nul. Maintenant, je n'utilise pratiquement plus que des manuels anciens ! Au moins, on ne prend pas les enfants pour des débiles, les textes sont de meilleure qualité et ils sont mieux conçus. »

Des évaluations de contrôle

Les familles « école à la maison » pratiquent l'évaluation sous forme de contrôles écrits, de tests oraux ou écrits, de présentation de leur travail. Ainsi, certains enfants préparent un exposé écrit, l'apprennent par cœur puis le présentent à l'oral. Des poèmes ou textes peuvent également être appris et présentés devant l'adulte référent. Certaines évaluations sont notées, tandis que pour d'autres, il s'agit d'être capable de réexpliquer ou de se réapproprier ce qui a été appris.

La recherche de l'excellence ?

Toutes les familles ayant opté pour le modèle école à la maison ne visent pas l'excellence. Cependant, elles cherchent fréquemment à améliorer leur pratique, à présenter des cours de qualité

57. www.lalibrairiedesecoles.com/methode-singapour

58. http://manuelsanciens.blogspot.fr

à leur enfant, à lui permettre d'obtenir de bons résultats. Ces enfants ont ainsi la chance d'avoir un enseignant pour un à six ou huit enfants. Ils obtiennent fréquemment de très bons résultats lors du passage des examens (mention bien ou très bien), car ils ont des connaissances et maîtrisent les codes scolaires indispensables pour une réussite aux examens.

Si certains enfants apprécient cette manière d'apprendre, d'autres vivent mal cette reproduction de l'école à la maison, ils aspirent à plus de liberté, à une approche différente. Les familles s'y adaptent fréquemment.

Les apprentissages autonomes (ou *unschooling*[59])

Les parents optant pour les apprentissages autonomes souhaitent avant tout l'épanouissement de l'enfant, le développement de ses dons naturels, sa confiance en lui et sa liberté de penser. Ils pensent qu'un enfant apprend pour lui et non pour un adulte ou pour un programme prédéfini.

Chez eux pas d'horaires fixes, pas de période scolaire alternant avec des vacances, pas de période scolaire tout simplement. L'enfant n'est pas scolarisé, il ne suit aucun modèle d'école à la maison, il apprend en fonction de ses besoins et de son évolution. Par conséquent, aucun lieu n'est réservé aux apprentissages : l'enfant apprend partout, les parents ont coutume de dire que l'école de leur enfant, c'est la vie ou bien encore que c'est le monde ! L'enfant n'a pas à compléter de cahiers si cela ne lui convient pas, des manuels sont rarement proposés, aucun apprentissage n'est imposé. Et, bien évidemment, l'évaluation

59. Il s'agit du refus d'imposer un apprentissage à un enfant. L'enfant apprend de manière autonome en fonction de ce qui l'intéresse et répond, ou non, aux propositions de son parent.

n'est pas présente dans ce choix d'instruction. L'enfant n'a pas de compte à rendre, il apprend pour lui.

L'enfant demande, s'interroge, cherche, apprend seul. Le parent propose et l'enfant suit la proposition ou non. Nous verrons dans les chapitres 8 et 9 comment l'enfant en apprentissages autonomes apprend.

Qu'est-ce qu'un apprentissage autonome ?

Un apprentissage est autonome ou autogéré lorsque l'enfant choisit librement d'apprendre telle ou telle notion, de telle ou telle façon. Là encore, les apprentissages autonomes sont omniprésents. Lorsque vous choisissez d'apprendre la mécanique, vous vous investissez dans cet apprentissage, vous cherchez comment vous améliorer, vous démontez un moteur, vous pouvez aussi demander de l'aide lorsque le sujet est pointu ou particulier. Quand vous cherchez une vidéo pour apprendre un nouveau geste en cuisine ou comment installer des carreaux dans votre salle de bain, vous êtes en apprentissage autonome. Quand vous suivez un MOOC pour vous auto-former, c'est encore un choix réalisé de manière autonome.

Par conséquent, un enfant apprend de manière autonome lorsqu'il choisit librement d'apprendre ou de découvrir.

Valérie, maman de cinq enfants

« Les deux grands aiment apprendre ensemble, même s'ils n'ont pas le même âge. Anaïs regarde souvent ce que fait Valentin et, souvent, elle étudie en maths avec lui. La semaine dernière, elle a découvert les équations avec lui et je les entendais rire pendant qu'ils cherchaient ensemble. »

Anaïs a choisi d'apprendre plus en mathématiques que ce qui est attendu pour un enfant de son âge. Si les apprentissages autonomes évoquent généralement des apprentissages pratiques comme celui d'un instrument de musique, d'un sport ou une technique de bricolage par exemple, ils peuvent également être scolaires si c'est une demande de l'enfant.

Qu'est-ce qu'un apprentissage informel ?

Chacun de nous apprend de manière informelle depuis le jour de notre naissance jusqu'à celui de notre mort. En effet, un apprentissage informel est dépourvu de règles, aucun compte à rendre : il s'agit d'apprendre en situation hors de tout cadre. Ainsi, un enfant peut apprendre à compter en observant des animaux ou bien en cuisinant, à condition bien sûr qu'il ne s'agisse pas d'une leçon auquel cas l'apprentissage n'est plus informel mais formel avec mise en situation.

Lorsqu'on grimpe sur son vélo sans que personne ne nous répète : « Tiens ton guidon droit, regarde où tu vas, appuie sur la pédale, voilà continue… », lorsqu'on essaie soi-même, c'est un apprentissage informel.

Lorsqu'on joue à un jeu de société ou à tout autre jeu et qu'on apprend à tenir compte de l'autre, à attendre son tour, à perdre parfois, c'est un apprentissage informel. On peut également apprendre à compter ou à lire lors de certains jeux à condition que l'adulte ne se place pas en enseignant.

L'apprentissage informel se trouve partout, il peut cependant être rapidement détourné en apprentissage formel s'il est encadré. Voici un test pour identifier les apprentissages informels.

Test 11 : Saurez-vous distinguer apprentissage formel et apprentissage informel ?

Pour chaque proposition, s'agit-il d'un apprentissage formel ou informel ?

	Apprentissage formel	**Apprentissage informel**
1. Spontanément, Danaé prend un plateau de jeu Montessori pour replacer les continents.		
2. Béatrice propose à ses enfants de regarder un documentaire, puis elle leur remet un questionnaire destiné à noter ce qu'ils ont retenu.		
3. Laure propose à ses enfants de regarder un film historique, puis de réaliser un exposé dessus.		
4. Fabrice propose à sa fille de regarder un documentaire avec lui. Comme ils l'ont apprécié, ils échangent à son propos.		
5. Claire et ses enfants jouent à la marchande.		
6. Stéphanie et ses enfants lisent ensemble un des tomes des *Colombes du roi soleil*. Régulièrement, l'une ou l'autre interrompt la lecture pour demander des précisions, commenter, s'indigner, s'inquiéter, se réjouir.		
7. Charlotte et ses enfants lisent ensemble *Robinson Crusoé*. Régulièrement, Charlotte s'interrompt pour demander aux enfants de résumer ce qu'ils ont compris.		
8. Au milieu d'une forêt, Sophie et ses enfants s'arrêtent régulièrement pour observer des animaux. Pour mieux les reconnaître, ils utilisent des livres-guides.		
9. Après une promenade en forêt, Katia demande aux enfants de préparer un *lapbook*[2] pour montrer ce qu'ils ont appris.		
10. Gaëlle propose à ses enfants de réaliser un *lapbook* sur le thème de leur choix. Un des enfants choisit les pyramides tandis que l'autre opte pour la mode.		

2. Les lapbooks sont des livrets avec plusieurs rabats sur lesquels on écrit et colle plusieurs informations. Plus d'informations ici par exemple : http://sydologie.com/2015/06/lapbook

Réponses

1. Apprentissage informel : ce plateau est un jeu pour Danaé, aucun adulte ne contrôle son choix ni le résultat puisqu'il s'agit d'un support autocorrectif.

2. Apprentissage formel : l'intention était de retenir des connaissances, le cadre est présent puisqu'un questionnaire évaluatif est remis.

3. Apprentissage formel : un exposé est une autre forme d'évaluation. Là encore, l'apprentissage débouche sur un support formel.

4. Apprentissage informel : il y aura certainement restitution naturelle de connaissances, mais rien n'est attendu de l'enfant. Aucune forme ne vient encadrer ce moment vécu en famille ; il s'agit d'un échange où l'un peut ne pas être d'accord avec l'autre.

5. Apprentissage informel : il s'agit d'un moment de jeu où des connaissances en mathématiques pourront être acquises en jouant à la marchande mais où aucune attente parentale n'est sous-jacente, aucun contrôle formel n'est prévu.

6. Apprentissage informel : la lecture est un moment d'échanges sans attentes particulières, sans cadre formel ni évaluations. Les enfants interviennent ou pas, l'échange est placé sur un plan d'égalité, même s'il peut arriver que Stéphanie explique des mots inconnus.

7. Apprentissage formel : Charlotte interroge régulièrement ses enfants. Il y a donc des attentes et un cadre même si ce dernier est oral et non écrit.

8. Apprentissage informel : Sophie a eu l'idée de la sortie, proposé d'emmener les guides mais elle n'avait pas pour intention d'évaluer les enfants, simplement de nourrir leur curiosité et de leur permettre de chercher des réponses.

9. Apprentissage formel : il y a restitution de connaissances. Si c'est une proposition qui peut être refusée, que l'adulte n'émet aucune remarque sur le support réalisé, l'apprentissage peut être partiellement informel.

10. Apprentissage informel si les enfants sont libres de choisir leur lapbook *et de refuser d'en réaliser un. Le* lapbook *pourra alors prendre la forme souhaitée par l'enfant (y compris être réalisé uniquement avec des dessins ou collages) et ainsi ne pas correspondre aux attentes du parent. En revanche, si un* lapbook *est imposé et a une structure dirigée par le parent, c'est un apprentissage formel.*

Le principe de l'apprentissage informel est donc de ne subir aucune forme d'encadrement, il peut revêtir bien des formes et en principe il s'assortit donc mal avec un support écrit, mais cela peut dépendre des circonstances. Si le support n'est pas imposé mais demandé par l'enfant, si l'enfant se l'approprie totalement, s'il le façonne à sa façon, il peut s'agir d'un apprentissage autonome.

Un choix plus difficile à expliquer

Ce choix d'instruction est plus difficile à expliquer à l'entourage et aux personnes en charge du contrôle qui craignent que l'enfant ne soit pas instruit. Avec le nouveau décret (voir p. 24) et l'imposition des exercices chaque année, ce choix sera encore plus difficile à suivre. Pourtant, l'enfant est instruit. En effet, il ne s'agit pas d'attendre que l'enfant cherche seul : le parent a un rôle important à jouer, un rôle de facilitateur d'apprentissages. Il propose sorties et activités, et lorsque l'enfant en a besoin, le parent cherche avec lui.

Audrey, maman de trois enfants de 3, 6 et 8 ans

« Nos journées ne sont pas des journées de travail ou de vacances. Tous les jours, nous regardons ensemble une petite vidéo documentaire. Souvent, nous faisons des expériences scientifiques, des bricolages ou de la cuisine. En cuisinant, nous lisons et nous comptons, en jouant aussi. Je leur lis des histoires et mon grand lit parfois tout seul. Hier, j'ai proposé un exo, mais il n'avait pas envie, il a préféré un puzzle de géographie Montessori. »

Afin de mieux communiquer avec les personnes en charge du contrôle, ces familles prennent souvent des photos et réalisent des « cahiers de vie » où sont collés des photographies et des textes, où les enfants dessinent et écrivent, s'ils le souhaitent. Elles peuvent aussi préparer un classeur à partir des mêmes idées. Généralement, elles précisent quelles activités et sorties ont été réalisées. Claudia Renau a écrit un petit guide pratique afin d'aider les familles pratiquant les apprentissages autonomes à mieux communiquer avec les personnes en charge du contrôle[60].

Ce n'est pas non plus un choix facile lorsqu'on ne se sent pas sûr de soi. Le parent peut craindre de se tromper, que son enfant ne réussisse pas. La confiance est pourtant un mot-clé pour les apprentissages autonomes. Ce choix n'implique pas de renoncer à ses valeurs et besoins. Si le parent est crispé, inquiet de ce choix, s'il ne sait plus quel est son rôle, s'il pense que les apprentissages autonomes signifient ne jamais dire « non » à un enfant, il court le risque de s'épuiser, de se sentir perdu et d'exercer à terme une pression sur l'enfant qui les déstabilisera tous les deux. Il est donc important de ne pas rester isolé, de regarder les progrès de l'enfant, de réfléchir à ce qui peut être proposé pour « nourrir » son enfant et de ne pas oublier que si l'adulte est avant tout un facilitateur, il peut aussi discuter avec l'enfant et lui faire prendre conscience d'une attitude inappropriée. L'enfant en apprentissages autonomes n'est pas un petit sauvage, comme le pense parfois l'imaginaire collectif, c'est un enfant qui apprend autrement. Ainsi si l'enfant se comporte mal avec un autre enfant, le parent peut de la même manière qu'un autre parent bienveillant l'encourager à exprimer ce qu'il a ressenti et à prendre conscience de l'inadaptation de sa réponse si celle-ci a été violente par exemple. Dans tous les cas, le parent prend l'enfant en compte.

Avantages et inconvénients

Les enfants pratiquant les apprentissages autogérés sont généralement plus sûrs d'eux et autonomes très tôt, ils s'investissent

60. Claudia Renau, *L'apprentissage informel expliqué à mon inspecteur*, L'Instant Présent, 2012.

dans ce qu'ils font et ont souvent des connaissances poussées dans leurs domaines de prédilection.

En revanche, ils peuvent éprouver plus de difficultés face aux examens car ils ne sont pas habitués aux codes scolaires en vigueur, c'est en particulier vrai pour les enfants qui n'apprécient pas les supports scolaires. Or si ces codes ne sont pas respectés, un certain nombre de points sont perdus, et certains jeunes non suffisamment préparés ont tendance à faire des hors sujets, voire à échouer lors des examens – ce qui ne préfigure pas de leur avenir professionnel, sans lien avec une pratique scolaire. Cependant, un jeune vraiment déterminé à réussir un examen accepte d'apprendre à jongler avec les codes attendus, notamment parce qu'il a appris à apprendre pour lui, afin de réussir ses objectifs.

Rester à l'écoute des besoins de l'enfant

Les apprentissages autonomes nécessitent parfois des adaptations car certains enfants ont besoin d'être rassurés et d'avoir un cadre plus précis où on leur donne quelques indications. Il est ainsi tout à fait possible de concilier apprentissages autonomes et listes avec propositions, à condition que celles-ci restent des propositions et non des contraintes. De la même façon, certains enfants peuvent souhaiter étudier à des moments plus ou moins fixes. Là aussi, il s'agit d'entendre leur demande, ces moments d'apprentissage pouvant être des rendez-vous formels ou informels en fonction de l'enfant.

Certaines familles ayant opté pour les apprentissages autonomes refusent une possibilité d'horaires ou de listes demandés par l'enfant au motif que rien ne doit être formalisé. Or tout au long de ces dix années d'instruction à domicile et de mes recherches à ce sujet, j'ai régulièrement rencontré des adultes autrefois instruits en famille qui regrettaient que leur besoin d'un peu plus de formalisme n'ait pas été entendu.

À noter

> **Lorsqu'on opte pour les apprentissages autonomes, il est important de ne pas oublier que tout est centré autour de l'enfant et de ses besoins. Si l'enfant a besoin d'un peu de formalisme, il est par conséquent important de l'entendre.**

L'instruction à domicile : autant de réalités que de familles

Si un certain nombre de familles optent durablement pour un modèle « école à la maison » et d'autres pour des apprentissages libres, la majorité a une pratique intermédiaire.

Des cours par correspondance ou l'école à la maison et des apprentissages autonomes

Pour un grand nombre de familles « cours par correspondance » ou « école à la maison », l'essentiel de l'instruction est assuré *via* des cahiers et/ou des manuels, des leçons et des évaluations. Cependant, l'enfant regarde également des documentaires et des films historiques, il imagine des expériences et les réalise. Il peut également ajouter des apprentissages autonomes à son programme.

D'autres familles choisissent de suivre plus ou moins librement le cours par correspondance et le complètent ou le modifient avec d'autres supports ou approches.

Marion, maman de trois enfants de 10 à 13 ans

« J'ai inscrit mes trois enfants aux cours Sainte-Anne et j'en suis très satisfaite. Mais j'y ajoute un peu de vie et de pratique en m'inspirant également de la pédagogie Charlotte Mason. Je propose notamment des temps de narration et des *living-books*. »

Parfois, le parent en charge de l'instruction suit une double programmation basée à la fois sur des cours par correspondance et des manuels ou en lien avec une pédagogie particulière fréquemment de type Charlotte Mason ou Maria Montessori[61].

Une réalité différente d'une année à l'autre

Ainsi, certains parents débutent avec des cours par correspondance, puis au fil des années s'orientent vers des apprentissages autonomes. D'autres optent pour des apprentissages naturels et libres lorsque l'enfant est petit puis, lorsqu'il grandit, ils jonglent entre apprentissages libres et école à la maison ou cours par correspondance.

Frédérique et Manuel, parents de deux enfants

« Quand les enfants étaient petits, nous vivions au rythme de notre mère nature. Quel bonheur de vivre en liberté ! Comme la nature est bonne pédagogue ! Et puis, à partir de leur sixième année, nous avions prévu des apprentissages formels le matin. Des exercices et un journal dans lequel nous racontions nos expériences, l'observation de l'élevage de poussins, la traite des chèvres. »

Les familles « laboratoires de découvertes »

Les familles instruisant leurs enfants sans programme complet délivré par un cours par correspondance peuvent donc opter pour un modèle « école à la maison » ou un système « apprentissages autonomes ». Cependant, la majorité des familles en instruction à domicile sont des familles « laboratoires de découvertes ». Elles jonglent entre les approches.

61. Ces pédagogies seront développées dans la troisième partie.

Ainsi, elles peuvent choisir des cours par correspondance ou des cours particuliers pour certaines matières et compléter avec d'autres supports formels et des apprentissages autonomes.

Elles peuvent également jongler entre des supports en vigueur ou anciens ou une pédagogie alternative[62] et des apprentissages informels ou autonomes.

Au sein d'une même famille, il est également possible d'opter pour des choix différents en fonction de l'enfant, de son âge ou de son profil puisque certains enfants peinent à entrer dans les apprentissages lorsqu'ils sont essentiellement de type scolaire (manuels, cahiers).

Les pratiques ne sont donc pas ancrées dans le temps ou un choix de méthode. C'est le principal avantage de l'instruction à domicile : s'adapter à l'enfant et modifier ses choix pédagogiques.

Virginie, maman de quatre enfants

« Mon plus jeune a 4 ans, il est en apprentissages informels et autonomes. Il joue, expérimente, je réponds à ses questions. Parfois, il utilise les petits personnages Alpha[63], parfois il joue avec son boulier. Mes deux aînés, de 11 et 12 ans, utilisent des manuels et cahiers scolaires ou parascolaires. L'approche est également informelle puisqu'ils font notamment des sorties en famille et regardent des films historiques.

Celui de 8 ans n'apprécie pas les supports scolaires. Il apprend essentiellement de manière informelle, les maths avec la méthode des frères Lyons[64] et il réalise un petit journal de temps à autre. »

62. Voir partie 3.

63. Méthode syllabique où des petits personnages lettres permettent de découvrir les différentes lettres et différents sons (www.lesalphas.net). Un dessin animé propose un univers autour de ces personnages, l'univers en question vise à préparer à la lecture.

64. Méthode canadienne basée en bonne partie sur les manipulations (www.defimath.ca/ecole-maison).

L'essentiel à retenir

Il y a autant de réalités en instruction à domicile que de familles. Au sein de ces familles, les choix diffèrent également très souvent en fonction des enfants, de leur caractère, de leurs besoins ou de leur âge. On trouve cependant des familles à dominante :

- cours par correspondance ;
- modèle « école à la maison » ;
- apprentissages autonomes ;
- mixage entre plusieurs options, entre formel et informel, entre apprentissages imposés et apprentissages choisis.

CHAPITRE 6

COMMENT GÉRER LE TEMPS DE L'INSTRUCTION EN FAMILLE ?

Au programme

- Quand et combien de temps instruire son enfant ?
- Quel temps est nécessaire pour préparer l'instruction ?
- Faut-il suivre un programme ?
- L'essentiel à retenir

Quand et combien de temps instruire son enfant ?

Est-il nécessaire d'opter pour un moment précis ? Combien de temps faut-il instruire son enfant ? Ces questions sont fréquentes. Voici un test et des éléments qui vous permettront de réfléchir à votre réponse.

Test 12 : Faut-il opter pour une durée prédéterminée et un moment précis ?

Cochez les cases vous correspondant.

	Oui	Non
1. Avez-vous un emploi ? Des obligations extérieures ?		
2. Avez-vous besoin de savoir où vous allez ?		
3. Avez-vous un ou plusieurs autre(s) enfant(s) scolarisé(s) ?		
4. Êtes-vous ennuyé par la routine ?		
5. Souhaitez-vous reproduire un modèle « école à la maison » ?		
6. Souhaitez-vous suivre le rythme naturel de votre enfant ?		

1. Si vous avez des obligations extérieures ou un emploi, il peut être plus facile d'organiser l'instruction en lui réservant un moment précis et une durée prédéterminée. Cependant, si vous optez également pour une réponse positive à la question 6 et souhaitez suivre le rythme de votre enfant, la réponse ne sera pas aussi tranchée. Ainsi certaines familles s'organisent pour qu'un des parents soit toujours présent, d'autres proposent à l'enfant d'explorer seul certains de ses intérêts ou bien de le faire avec une tierce personne tandis que les parents sont absents. Le quotidien varie chaque jour en fonction des activités de chacun et des désirs d'apprentissage de l'enfant.

2. Si vous avez besoin d'être rassuré, alors n'hésitez pas à choisir des moments précis pour l'instruction ; ceux-ci pourront toujours être modifiés en fonction de votre actualité ou des besoins du moment.

3. Lorsqu'un des enfants de la fratrie est scolarisé, les parents instruisant leurs enfants doivent également tenir compte des moments où il faudra conduire l'enfant scolarisé à l'école et du temps des devoirs. Certains parents proposent à l'enfant non scolarisé d'étudier en partie pendant que son frère ou sa sœur fait ses leçons, quand d'autres au contraire préfèrent réserver ce temps à l'enfant scolarisé.

4. Ennuyé par la routine, ne vous enfermez pas dans un emploi du temps immuable, y compris si vous optez pour le modèle d'école à la maison. Il est tout à fait possible d'opter pour des activités scolaires tout en ayant un emploi du temps flexible et non immuable.

5. Certaines familles « école à la maison » choisissent de copier exactement les horaires de l'école, mais la plupart consacrent toutefois moins de temps à l'instruction qu'une école ; les parents déterminent alors la durée d'apprentissage qui leur semble indispensable pour leur enfant.
6. Si vous suivez le rythme naturel de votre enfant, il est probable que vous n'opterez pas pour un moment fixe ; cependant, cela dépendra également de vos besoins.

Mon témoignage avec deux enfants

« Désireuse de suivre le rythme naturel de mes enfants, j'ai tout d'abord opté pour une instruction à la demande, c'est-à-dire à n'importe quelle heure du jour ou de la soirée… Lorsqu'un soir de fatigue, l'une me demanda un nouvel exercice à 23 heures, je compris que ça ne me convenait pas, j'avais le sentiment d'être "une machine à répondre" puisque je ne pouvais me reposer quand je voulais. De plus, mes filles appréciaient de savoir qu'il y avait des moments où nous allions nous retrouver pour apprendre. Nous avons donc opté pour des moments fixes mais pouvant varier en fonction de notre quotidien. Bien sûr, rien ne nous a jamais empêchées d'apprendre également en dehors de ces moments. »

Chaque famille instruisant son enfant ne fait pas les mêmes choix. Quelques constats cependant :

- Les familles débutantes, *a fortiori* lorsqu'elles sont dans une démarche de déscolarisation, ont souvent besoin d'un planning, d'un programme pour s'organiser.
- Les plannings ou propositions d'activités à la semaine avec apprentissages en autonomie pour l'enfant et temps communs permettent aux familles nombreuses de mieux gérer leur quotidien.

Il est également important de ne pas perdre de vue qu'un enfant peut ne pas désirer apprendre ce qui a été prévu pour lui. Impossible de l'ignorer dans le tête-à-tête parent/enfant. Cette difficulté n'est pas rencontrée lorsque les apprentissages partent uniquement des intérêts de l'enfant, même s'il peut être fatigué ou ne plus être motivé alors que la demande émanait de lui.

Afin d'éviter le découragement ou une tension familiale, il est utile de se souvenir des raisons qui nous ont poussés à choisir l'instruction à domicile. Si la difficulté persiste, deux options s'offrent au parent :

- être ferme parce qu'il est important pour lui que la notion prévue soit étudiée, quitte à différer de quelques heures ou jours cette notion ; il est cependant important de ne pas oublier qu'un enfant peut ne pas être prêt à un moment M pour une notion donnée et l'être plus tard ;
- attendre que l'enfant demande à étudier la notion prévue, la proposer bien plus tard ou renoncer à la proposition s'il s'agissait d'une proposition thématique.

En conclusion, trois grands profils peuvent être distingués :

- Les familles « école à la maison » suivent les horaires scolaires avec des récréations et des vacances scolaires.
- Certaines familles « école à la maison », les familles « laboratoire de découvertes » (apprentissages autonomes et apprentissages imposés) ou parfois les familles « apprentissages autonomes » – lorsque le choix d'horaires est celui de l'enfant – optent pour des horaires flexibles, des vacances comme les enfants scolarisés ou des vacances correspondant à leurs choix personnels (actualité de la famille, projet de voyage, fatigue des enfants, activités des parents ou des enfants). Certaines semaines les enfants étudient peu ou pas ; d'autres, ils étudient davantage en fonction également de leur demande.
- Enfin, la majorité des familles « apprentissages autonomes » choisissent de n'avoir aucun horaire prédéterminé, de ne décider d'aucune durée avant le moment M de l'instruction. Ces familles n'ont pas vraiment de vacances puisque les apprentissages ont lieu à tout moment du jour ou de l'année en fonction des demandes et des besoins des enfants.

Quel temps est nécessaire pour préparer l'instruction ?

Lorsque les parents organisent l'instruction de leurs enfants, ils ont besoin de temps de préparation soit parce qu'ils proposent des activités, soit parce qu'ils répondent aux demandes de leurs enfants. Le temps consacré à cette préparation s'ajoute donc au temps d'instruction et au quotidien, et dépendra des choix de la famille, de l'âge et des projets de l'enfant et du nombre d'enfants.

Céline, maman de quatre enfants

« Il n'a pas été facile de m'organiser avec quatre enfants : il faut penser aux demandes des petits, gérer l'instruction des grands, préparer les cours, faire les tâches ménagères, gérer les rendez-vous, acheter les livres et réussir à avoir du temps pour mes amis et moi. »

En principe, si des cours par correspondance ont été choisis, il n'y aura pas de temps de préparation. Ce ne sera cependant pas vrai si l'enfant a des besoins particuliers et que le parent doit prendre connaissance du cours avant de le proposer, voire de l'adapter.

Pour les familles « école à la maison », plus la famille est nombreuse et l'écart d'âge important, plus le temps de préparation peut augmenter. Toutefois, cela dépend également des choix pédagogiques : supports personnalisés ou cahiers et manuels du commerce par exemple. Dans ce cas, le temps de préparation peut être court ; il s'agira surtout d'un temps de sélection de supports.

Et les familles « apprentissages autonomes » ? Là aussi, tout dépend de l'âge de l'enfant, de son degré d'autonomie et des choix parentaux car privilégier les apprentissages autonomes ne signifie pas laisser l'enfant seul face à ses apprentissages. On peut ainsi anticiper un intérêt (quitte à proposer et peut-être préparer pour rien), poursuivre un intérêt en cours ou répondre à une demande. Le temps de préparation et/ou de recherche peut donc être plus ou moins long.

Lorsqu'un temps d'apprentissage est nécessaire, il peut être utile de tracer les grandes lignes d'un emploi du temps de préparation et gestion du quotidien. Préparer par exemple plus de plats le dimanche et congeler pour moins cuisiner dans la semaine peuvent également être des astuces de gain de temps. Au quotidien, on peut également encourager les bonnes volontés et expliquer à chacun qu'une vie en commun suppose aussi un partage de tâches en fonction de l'âge et des possibilités de chacun.

Ce temps de préparation dépendra donc largement des besoins de l'enfant et des choix parentaux.

Faut-il suivre un programme ?

« *L'acquisition des connaissances et compétences est progressive et continue dans chaque domaine de formation du socle commun de connaissances, de compétences et de culture et doit avoir pour objet d'amener l'enfant, à l'issue de la période de l'instruction obligatoire, à la maîtrise de l'ensemble des exigences du socle commun [...].* »

Article D. 131-12 du Code de l'éducation

« *Le contrôle de la maîtrise progressive de chacun des domaines du socle commun est fait au regard des objectifs de connaissances et de compétences attendues à la fin de chaque cycle d'enseignement de la scolarité obligatoire, en tenant compte des méthodes pédagogiques retenues par l'établissement ou par les personnes responsables des enfants qui reçoivent l'instruction dans la famille.* »

Art. R. 131-13

La loi autorise les familles instruisant leurs enfants à ne pas suivre le programme scolaire, la question est maintenant de savoir ce qui vous convient.

Test 13 : Avez-vous besoin d'un programme ?

Cochez les cases vous correspondant.

	Oui	Non
1. Comptez-vous suivre le modèle « école à la maison » ?		
2. Si oui, le suivrez-vous pour toutes les matières ?		
3. Est-ce important pour vous que certaines notions soient programmées ?		
4. Avez-vous besoin de programmer pour vous sentir plus détendu ?		

Les familles optant pour le modèle « école à la maison » ne font cependant pas toujours les mêmes choix. Ainsi, certaines suivent exactement la programmation scolaire : les notions prévues en français et mathématiques, les périodes historiques prévues, les connaissances géographiques correspondant à la classe d'âge de leur enfant, etc. D'autres suivent la programmation scolaire dans une certaine mesure. En règle générale, ces familles estiment qu'elle n'est pas assez ambitieuse, que les nouveaux programmes sont revus à la baisse et elles piochent largement dans des manuels plus anciens correspondant à la classe d'âge visée.

À noter

Il est tout à fait possible de suivre le programme scolaire pour certaines matières mais pas pour d'autres. Des familles suivent par exemple le programme en français et mathématiques, mais elles se dégagent du programme pour les autres matières, suivant les intérêts de l'enfant ou des thèmes qui leur semblent importants ou intéressants.

S'il est important pour vous que certaines notions soient vues, vous pouvez vous demander si vous souhaitez qu'elles soient vues au moment de la programmation scolaire correspondant à la classe d'âge de l'enfant ou bien si vous préférez attendre un moment plus propice pour votre enfant, parce que vous pensez que celles-ci ne correspondent pas à son rythme personnel. Effectivement, il est possible d'imaginer votre propre programme entièrement centré sur votre enfant. Certaines familles instruisent ainsi leurs enfants en prévoyant diverses connaissances ou thèmes à présenter, qu'ils soient au programme officiel ou non.

Si vous n'avez pas besoin d'anticiper l'instruction de votre enfant pour vous sentir rassuré, c'est possible. En règle générale, les familles ne programmant rien sont les familles qui ont déjà plusieurs années d'expérience ou les familles « apprentissages autonomes ». La plupart des familles programment cependant au moins des sorties ou activités manuelles ou de découverte, et/ou des apprentissages formels, et/ou des notions à aborder. Il s'agit pour vous de savoir si vous avez besoin de prévoir seulement quelques lignes ou bien la quasi-totalité de ce qui sera réalisé.

Mais différents imprévus peuvent se présenter et perturber cette jolie planification, qu'ils soient liés à l'enfant, à ses besoins ou envies ou encore à votre quotidien. Programmer peut rassurer à condition de ne pas s'enfermer dans son programme. Les familles instruisant leurs enfants apprécient généralement ces moments où de petites surprises viennent modifier leur quotidien. Choisir de placer son enfant au centre des apprentissages incite également à ne pas l'enfermer dans un programme qui ne lui conviendrait pas ou plus.

L'essentiel à retenir

Le temps consacré à l'école à la maison est donc variable. Il dépend de plusieurs facteurs :

- sa planification (choisir ou non des horaires) : ainsi, l'instruction à domicile est parfois vécue comme une continuité de la vie ensemble sans limite entre instruction et vie de famille. D'autres fois, le temps d'instruction est en partie mesurable puisqu'il suit les horaires scolaires.
- sa préparation : les parents n'ont parfois rien à préparer, quand d'autres consacrent plusieurs heures par semaine à la préparation de l'instruction.
- le suivi d'un programme : il est possible de suivre le programme de l'Éducation nationale, d'en imaginer un ou de suivre les intérêts actuels de l'enfant et donc de ne suivre aucun programme prédéterminé.

PARTIE 3

APPRENDRE À LA MAISON SANS COURS PAR CORRESPONDANCE

CHAPITRE 7

QUELLES PÉDAGOGIES SONT INSPIRANTES ?

Au programme

- Des pédagogies inspirantes : Freinet, Reggio et Steiner
- Une pédagogie inspirant également l'école : Montessori
- Une pédagogie ascendante : Charlotte Mason
- L'essentiel à retenir

Un bon nombre de parents instruisant leur enfant expérimentent une ou plusieurs pédagogies, parfois séparément, parfois ensemble. Certaines pédagogies sont essentiellement inspirantes, quand d'autres sont largement pratiquées.

Des pédagogies inspirantes : Freinet, Reggio et Steiner

La pédagogie Freinet

Présentation

« Toute notre pédagogie visera justement à conserver et à accroître ce potentiel de vie que les méthodes traditionnelles entament jusqu'à l'éliminer parfois et dont la persistance et l'exaltation sont comme le baromètre même d'une saine méthode. »

Célestin Freinet[65] (1896-1966)

65. http://www.icem-pedagogie-freinet.org/node/47886

Né en 1896 à Gars, dans les Alpes-Maritimes, Célestin Freinet fut un instituteur novateur. Tout d'abord enseignant pour l'Éducation nationale, il créa sa propre école en 1935. S'abstenant d'un militantisme prosélyte, son attachement au communisme a influencé ses idées pédagogiques. Il lui importait de préparer les enfants à leur future société. Il modifia profondément la pratique de sa classe par :

- Le bannissement des manuels scolaires et leur remplacement par des journaux réalisés et imprimés par les enfants. Dans une classe Freinet, les journaux sont l'outil permettant d'apprendre à écrire et à lire selon une méthode dite naturelle (méthode globale utilisant les mots des enfants). Ils servent également de base pour les études grammaticales. Dans le journal, les enfants parlent de ce qu'ils ont fait, de leur actualité.
- La création d'un « livre de vie » à partir des journaux, qui peut être consulté par les enfants ou au sein de la coopérative Freinet.
- Une coopérative scolaire (fournitures, imprimerie, services postaux).
- Des correspondances (lettres, journaux, colis) entre plusieurs classes.
- La réalisation de films.
- Le travail en autonomie : chaque lundi, les élèves décident de leur plan de travail de la semaine. Des fiches avec autocorrection sont prévues.
- Le tâtonnement expérimental : l'enfant teste l'hypothèse qu'il a émise et, par différentes étapes d'actions-essais, il l'intègre ensuite à sa structure cognitive et se la réapproprie dans d'autres situations.
- Une coopération entre maître et élèves : pratique active de l'imprimerie, décisions prises entre « camarades », tâches choisies par chacun (ménage dans la classe, etc.).

- Un « conseil » : une fois par semaine chacun s'exprime sur le déroulement de la classe, les décisions à prendre.

École à la maison inspiration Freinet

Si la pédagogie Freinet n'est pas totalement appliquée en instruction à domicile, différentes idées inspirent un certain nombre de parents.

Les journaux

Depuis plusieurs années, des échanges de journaux ont lieu dans l'association LAIA[66]. Trois enfants adressent leur journal à un enfant qui lui-même envoie son journal à trois enfants. L'enfant parle de son quotidien, de sorties qu'il a réalisées, d'expériences qu'il a faites, de livres lus ; il ajoute des dessins, des jeux, des histoires qu'il imagine.

Certaines familles non adhérentes de LAIA échangent également des journaux avec d'autres familles ou, comme Sylvie, les diffusent auprès de leur entourage (famille, amis).

Sylvie, maman de quatre filles de 16 à 23 ans

« Pendant plusieurs années, mes enfants ont participé à des échanges de journaux avec d'autres enfants non scos et les ont diffusés auprès de leurs amis et de la famille. Cette expérience nous a tellement plu qu'aujourd'hui le journal existe encore et, une fois par an, au moment de la nouvelle année, il nous permet de partager les temps forts de notre famille. »

66. http://laia.asso.free.fr

Les correspondances

Différents groupes sur Facebook[67] proposent des correspondances entre écoliers à la maison du monde entier. Celles-ci ont lieu en français ou dans une autre langue.

Le conseil

De plus, certains parents proposent des séances de « conseil » afin que tous les membres de la famille puissent discuter et prendre ensemble des décisions. Ces séances sont parfois formalisées, parfois naturelles.

Le tâtonnement expérimental

Enfin, le tâtonnement expérimental existe chaque fois que l'enfant tente ses propres expériences ; il ne revêt cependant pas nécessairement les formes du tâtonnement expérimental de Freinet, notamment si l'adulte n'intervient pas pour guider l'enfant lors de ses tâtonnements.

La pédagogie Reggio

Présentation

« Ils ont besoin de la liberté pour réaliser comment la raison, la pensée et l'imagination peuvent créer des interactions entre les choses et peuvent secouer et faire bouger le monde[68]. »

Loris Malaguzzi (1920-1994)

67. Voir les groupes Facebook : Correspondances et amitiés francophones entre enfants instruits en famille et Homeschool Pen Pals Worldwide.

68. « *They need the freedom to realize how reason, thought, and imagination can create continuous interweavings of things, and can move and shake the world.* »
www.reggio-paedagogik.at/pdfs/2bozza%20MANIFESTO%20Reggio%20Children%20International%20Network.pdf

Pédagogie destinée aux jeunes enfants, elle a été développée au cours des années 1960 par Loris Malaguzzi à Reggio Emilia, ville italienne[69]. Loris Malaguzzi travailla comme éducateur et psychologue pour enfants, il fut également conseiller du ministre de l'Éducation.

Coopération et exploration par les enfants sont des composantes essentielles de cette pédagogie. Il s'agit de la coopération entre enfants mais également entre enfant et adulte, l'adulte ne se posant pas en maître. Les enfants apprennent grâce à leurs expérimentations et leurs ressentis et par l'expression de leurs découvertes en utilisant les « *cent langages*[70] » de l'enfant. L'approche sensorielle et toutes les expressions possibles sont donc encouragées. Chaque enfant étant naturellement intelligent, créatif et curieux, il s'agit d'encourager ses qualités. La liberté y apparaît comme fondamentale. Afin qu'il puisse utiliser les « cent langages » à sa disposition, on le laisse libre de parler, bouger, sculpter, dessiner, photographier, utiliser ses mains, son corps, etc.

L'environnement occupe également une place importante dans cette pédagogie. Il s'agit de créer un environnement propice dans lequel l'utilisation d'un matériel naturel est encouragée.

École à la maison inspiration Reggio

Amélie, maman d'un enfant

« J'aime beaucoup la pédagogie Reggio, même si je trouve qu'il n'est pas facile de la mettre totalement en place à la maison. En effet, avec un enfant il n'y a pas l'émulation d'une classe Reggio. Malgré tout, l'approche multi-sensorielle de cette pédagogie me parle beaucoup et puis mon enfant adore jouer avec le miroir. Sa curiosité naturelle est pleinement satisfaite ! »

69. Institut italien avec la pédagogie Reggio (www.scuolenidi.re.it).

70. Carolyn Edwards, Lella Gandini et George Forman, *The hundred languages of children: The Reggio Emilia Experience in Transformation*, Greenwood Press, 2011.

Moins connue et moins fréquente que les autres pédagogies, celle-ci inspire cependant certaines familles sans école où l'enfant est encouragé à peindre, à dessiner et à créer.

L'enfant est accompagné dans ses explorations. Le parent propose des activités afin d'explorer l'environnement et de manipuler les éléments qui l'entourent, par exemple des jeux et observations avec un miroir, de la lumière et des ombres. Le parent peut aussi proposer à l'enfant d'utiliser la nature en créant du *land art*[71], de manipuler et d'assembler des *loose parts*, ces petits objets qui n'ont pas nécessairement de liens et qui peuvent être utilisés seuls ou assemblés avec d'autres objets[72]. Ils sont généralement conservés dans des bocaux et l'enfant utilise librement ces objets.

La pédagogie Steiner-Waldorf

Présentation

« Le besoin d'imaginer, un sens de la vérité et un sentiment de responsabilité, ce sont les trois forces qui sont les véritables fondements de l'éducation[73]. »

Rudolf Steiner (1861-1925)

Né en 1861 en Croatie, Rudolf Steiner fut le fondateur de l'anthroposophie[74]. Précepteur, auteur, conférencier et responsable de l'école ésotérique allemande, il fonda l'école Waldorf en 1919

71. Création artistique à partir d'objets trouvés dans la nature et laissés sur place.

72. Lisa Daly et Miriam Beloglovsky, *Loose Parts: Inspiring play in young children*, Redleaf Press, 2014.

73. « *The need for imagination, a sense of truth and a feeling of responsibility - these are the three forces which are the very nerve of education.* » http://waldorfeducation.org/waldorf_education

74. Pensée philosophique et spirituelle où plus de connaissances sont acquises en observant le monde extérieur et en utilisant sa pensée. C'est un « *chemin de connaissance qui veut mener le spirituel qui est dans l'être humain vers le spirituel qui est dans l'univers* » (Rudolf Steiner, *Les lignes directrices de l'anthroposophie*, Novalis, 1998).

à Stuttgart. Cette école accueillait essentiellement des enfants d'ouvriers pour une durée d'enseignement de douze ans. Elle s'appuie sur les principes suivants :

- la collaboration : parents, enseignants et enfants sont invités à collaborer (chaque école est d'ailleurs une association de loi 1901[75]) ;
- le suivi des saisons avec des fêtes saisonnières ;
- l'importance de la création artistique ;
- l'enseignement de l'eurythmie[76] issue de l'anthroposophie ;
- des activités pratiques et quotidiennes ;
- des périodes d'études : ainsi, si les langues et arts sont programmés chaque semaine, les autres apprentissages couvrent quatre semaines. L'enfant étudie quatre semaines de maths, puis quatre semaines de géographie, et ainsi de suite. De cette manière, un apprentissage est vu de manière intense afin que l'enfant s'implique totalement dans celui-ci.

L'école Steiner compte trois cycles :

- Le jardin d'enfants jusqu'à 7 ans, où jeux libres et imitations sont proposés afin de développer la sensorialité de l'enfant. Des activités dirigées sont également organisées.
- Le cycle 1 jusqu'à 14 ans, durant lequel un professeur suit ses élèves. Les manuels sont remplacés par des cahiers réalisés par les élèves. Contes, légendes et fables sont largement utilisés. Les écoles Steiner s'efforcent de parvenir à un équilibre entre activités artistiques, pratiques et académiques.
- Le cycle 2 jusqu'à 18 ans, qui vise à éveiller l'adolescent aux problèmes du monde actuel et à devenir acteur dans le monde.

75. http://steiner-waldorf.org/pedagogie/faq

76. Eurythmie : « Expression artistique dans laquelle la musique et les paroles sont exprimées par les mouvements spécifiques du corps qui correspondent à des notes ou à des sons particuliers. » (cf. Rudolf Steiner, *Les bases spirituelles de l'éducation*, Triades, 2010).

École à la maison inspiration Steiner

Peu de familles pratiquent la pédagogie Steiner et, lorsqu'elles le font, elles s'inspirent généralement de quelques principes plus que de toute la philosophie Steiner.

Il s'agit notamment du suivi des saisons afin de se sentir proches de la nature, plus en accord avec elle. En plus des récoltes de fruits et légumes, des tables des saisons sont alors préparées : les familles disposent différents objets récoltés dans la nature (pommes de pin, ou autres) sur une petite table qui change à chaque saison. Certaines familles décorent un mur ou une fenêtre en fonction de la saison.

Aude, maman de trois enfants

« Fêter les saisons à la mode Steiner m'a permis de me reconnecter avec la nature, de donner du sens aux différentes périodes de l'année. »

Toujours en lien avec ces saisons, des histoires (contes, fables, légendes, etc.) sont lues ou racontées. Des comptines ou chansons sont proposées. C'est un outil pour étudier le français. Le contact avec la nature est également un moyen de découvrir la biologie et la géologie. Les enfants apprennent également à prendre soin de la terre-Terre notamment *via* des potagers.

Enfin, des travaux pratiques sont réalisés, en particulier broderie, crochet, feutrage, filage, teintures, travail du bois, etc. Des poupées en tissu sont réalisées et offertes. Des activités artistiques sont également prévues.

Pour aller plus loin

Les blogs Chant des fées[77] et À pas de lutins[78] vous permettront de découvrir des exemples de pédagogie Steiner adaptée à la maison.

77. www.chantdesfees.fr

78. http://apasdelutins.unblog.fr/category/pedagogie

Une pédagogie inspirant également l'école : Montessori

Présentation

« La qualité fondamentale pour le parent ou l'éducateur est de savoir observer. »

Maria Montessori (1870-1952)

Née en 1870, Maria Montessori fut la première femme médecin en Italie. Elle encouragea le développement naturel physique et psychique de l'enfant dès sa naissance. Ayant découvert la détresse des enfants malentendants, elle réfléchit aux moyens de les aider. Puis en 1907, elle accueillit des enfants pauvres dans un local à San Lorenzo et mit alors en place une « *pédagogie scientifique* ». Celle-ci allait devenir la pédagogie Montessori qui, centrée sur l'observation et le respect de l'enfant, vise au développement psychique de l'enfant.

Dans la pédagogie Montessori, les dimensions corporelles, émotionnelles et intellectuelles sont prises en compte. D'autre part, Maria Montessori estimait que l'enfant connaissait différents stades de développement et de périodes sensibles dont il fallait tenir compte. De plus, apprenant par le mouvement, l'enfant est donc libre de se déplacer. Ces déplacements sont cependant liés au besoin de prendre un nouveau matériel ou d'aller observer ses compagnons sans les déranger. Enfin, Maria Montessori insistait sur l'importance d'avoir un environnement à la taille de l'enfant avec notamment des chaises et des tables à sa hauteur.

Les écoles Montessori proposent trois groupes : 3-6 ans, 6-9 ans et 9-12 ans. Ensuite, le collège Montessori prend le relais. Dans tous ces groupes, l'autocorrection est largement pratiquée afin d'encourager autonomie et indépendance.

Depuis plusieurs années, cette pédagogie connaît un succès grandissant que ce soit auprès des écoles « classiques » ou des familles sans école.

École à la maison inspiration Montessori

Si la dimension communautaire est réduite à la maison, un certain nombre de familles sans école s'efforcent de reproduire au maximum l'école Montessori, tandis que d'autres se contentent de piocher quelques outils ici et là afin d'imaginer leur propre pédagogie.

Caroline, maman de trois enfants dont deux ados

« Maria Montessori avait déjà tout compris ! Je suis persuadée que cette pédagogie peut apporter à tous les enfants. L'enfant est encouragé à devenir autonome, à développer sa vie sensorielle ; tout est progressif et bien structuré. »

Les familles s'inspirant de la pédagogie Montessori peuvent avoir des étagères réservées au matériel Montessori ou bien un espace complet avec une salle de classe de type Montessori où tout est rangé comme à l'école. En principe, un coin serait nécessaire pour chaque ambiance (langage, mathématique, sensoriel, vie pratique, etc.), mais dans une maison c'est plus difficile à mettre en place. Chacun s'adapte donc à la configuration de sa maison et à ce qui lui semble être le plus important.

Je vous propose de découvrir quelques outils utilisés pour chaque ambiance (liste non exhaustive) :

- Vie sensorielle : boîtes de couleurs, boîtes à sons, pâte à modeler, reconnaissance visuelle les yeux bandés, clochettes, flacons des goûts, jeux des anneaux…
- Vie pratique : cadres d'habillage, activités de visser/dévisser, serrures, balayage, activités de verser, éponge, pinceau

à poussière, plateaux, lavage du linge/étendage, bandes à découper…

- Langage : cartes de nomenclature (vocabulaire lié à un thème avec images pour l'illustrer), formes à dessin à commenter, lettres rugueuses et alphabet mobile, dictées muettes (cartes images à orthographier correctement, la pédagogie Montessori utilisant l'écriture pour apprendre à lire), écriture dans le sable, symboles Montessori pour la grammaire…
- Mathématiques : formes à manipuler, barres rouges et bleues, chiffres rugueux, cartes à compter, perles et barres de perles, cartes de contrôle, bouliers, matériel de fractions, boîtes de géométrie, boîtes d'équation…
- Géographie : plateaux des reliefs, planisphères, cartes, étiquettes, puzzles, globes lisse et rugueux…
- Histoire : ligne du temps, frises chronologiques, grands récits fondateurs[79].
- Biologie, botanique, zoologie : puzzles animaux, puzzles botanique, cartes en trois parties (une carte image, une carte nom, et une carte en deux parties : image puis nom), observation de cycles de vie, cartes de cycles de vie, cartes des anatomies.
- Arts : en dehors de l'éveil musical et du matériel propre à la pédagogie Montessori, il n'existe pas d'enseignement artistique officiel montessorien. Selon Maria Montessori, l'enfant apprend à dessiner en observant et c'est seulement lorsque l'observation lui a permis d'avoir acquis des compétences qu'il peut dessiner librement.

Pour aller plus loin

> **Sur le blog Apprendre avec bonheur[80], vous trouverez une liste de blogs sans école suivant, plus ou moins, la pédagogie Montessori.**

79. http://lesateliersdecathy.overblog.com/2014/01/les-cinq-grands-r%C3%A9cits-montessori.html
80. http://apprendreavecbonheur.blogspot.fr/p/montessori.html

Une pédagogie ascendante : Charlotte Mason

Présentation

« *L'éducation est une atmosphère, une discipline, une vie*[81]. »

Charlotte Mason (1842-1923)

Née en 1842 à Bangor (Pays de Galles), Charlotte Mason était une enseignante britannique. Après avoir enseigné plusieurs années, elle fut bientôt convaincue que les parents pouvaient participer activement à l'instruction de leurs enfants. Elle donna alors une série de conférences publiées sous le titre de *Home education* (1886).

Cette pédagogie n'est pas reprise dans les écoles françaises, mais elle inspire de nombreuses familles anglophones sans école et de plus en plus de familles francophones. Elle se base sur trois grands principes : une connaissance de Dieu, de l'homme et de l'univers.

École à la maison inspiration Charlotte Mason

Si la religion est une composante essentielle de la pédagogie Charlotte Mason (la Bible doit normalement être lue chaque jour), toutes les familles sans école ayant opté pour cette pédagogie n'y attachent pas la même importance, puisque plusieurs d'entre elles sont athées ou agnostiques. Si certaines familles s'efforcent de suivre au plus près la pédagogie de Charlotte Mason, d'autres cumulent avec une autre méthode ou des cours par correspondance ou reprennent simplement certaines idées à leur actif.

81. « *Education is an atmosphere, a discipline, a life.* »

Sabrina, maman de six enfants

« La pédagogie Charlotte Mason propose une éducation connectée à la nature et basée sur la culture, c'est ce qui me plaît. »

Voici quelques principes de la pédagogie Charlotte Mason :

- un bon comportement : en plus de la lecture de la Bible, un travail spécifique est effectué autour du bon comportement à avoir ;
- une observation de la nature : chaque jour, l'enfant doit passer plusieurs heures à l'extérieur lorsqu'il est petit, au moins un après-midi par semaine lorsqu'il est adolescent. Lorsqu'il est dehors, il en profite pour observer la nature. Il tient un cahier de la nature où il dessine ce qu'il voit et prend des notes. Des leçons de choses sont également prévues ;
- des leçons courtes : lorsque l'enfant est jeune, les leçons ne doivent pas excéder 25 à 30 minutes. Pour un enfant de 6 ans, la leçon n'excède pas 15 minutes ;
- des *living-books* (livres vivants) : remplaçant les manuels, ils doivent être bien écrits, apporter des connaissances appropriées à l'enfant, susciter son intérêt et son plaisir de découvrir et avoir un impact positif sur lui ;
- des dictées préparées et fréquentes ;
- des exercices de copie lors desquels l'enfant doit avoir la plus jolie écriture possible ;
- la narration : les enfants doivent raconter précisément ce qu'ils ont lu et peuvent être amenés à raconter ce qu'ils savent dans d'autres matières ;
- une pratique régulière de la poésie et des textes de Shakespeare ;
- une étude de la grammaire, à ne pas prévoir avant 10 ans ;
- une étude des mathématiques à partir de manipulations et de problèmes du quotidien, en situation ou rédigés dans un

premier temps (en lien avec l'étude de la nature, une recette, une clôture de jardin, etc.) ;

- la lecture avec commentaire de biographies et romans historiques en histoire, accompagnée de la réalisation d'un livre des siècles[82] ;
- en géographie, le parent part de l'histoire du lieu pour mieux en saisir la géographie ; des *living-books* sont proposés et des cartes peuvent être réalisées ;
- l'apprentissage d'une langue étrangère à partir d'activités vivantes : les élèves de Charlotte Mason apprenaient plusieurs langues avec la méthode de François Gouin[83]et étaient réputés pour leurs bonnes connaissances ;
- une initiation à l'histoire de l'art : Charlotte Mason proposait une activité de « *picture study* » où il s'agit de commenter et exposer une œuvre d'art ou d'étudier un artiste pendant un temps donné. Dans un second temps, elle demandait de reproduire les principales lignes de l'œuvre étudiée.

Pour aller plus loin

Sur le blog Apprendre avec bonheur[84], vous trouverez des liens vers plusieurs blogs sans école et un forum afin d'en savoir plus sur cette pédagogie. Et vous découvrirez un ABC de Charlotte Mason sur Pouloucoq[85].

82. http://www.pouloucoq.com/comprendre-l-histoire-en-un-coup-d-oeil-grace-au-livre-des-siecles-a119685508

83. https://une-annee-avec-charlotte.com/2015/12/01/a-lessais-apprendre-les-langues-etrangeres-avec-charlotte-mason-et-la-methode-gouin/

84. http://apprendreavecbonheur.blogspot.fr/p/charlotte-mason.html

85. www.pouloucoq.com/a-b-c-charlotte-mason-a119013336

L'essentiel à retenir

Des familles sans école s'inspirent de différentes pédagogies, parfois en s'efforçant d'en être le plus proche possible, parfois en leur empruntant simplement ce qui leur convient et en délaissant ce qui leur plaît moins :

- Différentes pédagogies sont inspirantes et peu représentées : il s'agit notamment des pédagogies Freinet, Reggio et Steiner.
- La pédagogie Montessori connaît un véritable succès auprès des familles sans école.
- Cependant, depuis quelque temps, une autre pédagogie est en passe de la concurrencer, il s'agit de la pédagogie Mason.

Parfois, ces pédagogies conviennent à l'ensemble de la famille et puis, parfois, alors que le parent était convaincu, il découvre que celle choisie ne convient pas à l'enfant et il change alors d'approche. Il est de toute façon courant qu'une famille multiplie les approches tout au long de son instruction sans école.

CHAPITRE 8

COMMENT APPRENDRE DE MANIÈRE VIVANTE ?

Au programme

- Manipuler pour comprendre
- Lire pour découvrir
- Écrire pour échanger, se souvenir, imaginer
- L'essentiel à retenir

« Il y a d'autres techniques : la vie et l'élan, l'enthousiasme et la joie construiront un jour ce que l'autoritarisme scolastique n'a pas su entrevoir. »

Célestin Freinet

Comme nous l'avons vu tout au long de ce livre, il existe bien des manières d'apprendre. Dans ce chapitre, je vous propose de développer des apprentissages *vivants* déjà présentés et d'en découvrir qui n'ont pas été encore évoqués.

Manipuler pour comprendre

Test 14 : Comment un enfant apprend-il ?

Cochez les cases qui vous semblent correspondre.

	En regardant	**En écoutant**	**En essayant**
Un enfant apprend à marcher…			
Un enfant apprend à manger…			
Un enfant apprend à s'habiller…			
Un enfant apprend à faire du vélo…			

Pour apprendre, l'enfant s'investit avec son corps.

Même si l'enfant peut avoir besoin de nos explications ou que nous lui montrons comment faire, il cherche avant tout à nous imiter et intègre une nouvelle compétence avec son corps.

Selon Jean Piaget[86], le premier stade de l'intelligence est ainsi un stade sensori-moteur. Par conséquent, l'enfant a besoin de sentir et de réaliser des choses pour mieux développer son intelligence. Au fil de sa croissance, les manipulations continuent d'être importantes pour l'enfant. De la même manière, tout adulte que nous sommes, ne retenons-nous pas mieux lorsque nous expérimentons par nous-mêmes ?

86. Biologiste et psychologue suisse, Jean Piaget (1896-1980) s'est notamment intéressé à la psychologie du développement.

Apprendre par le vivant

Lorsque l'enfant apprend à marcher, il tombe fréquemment. Il apprend alors à positionner ses pieds pour ne plus chuter. C'est en exerçant son corps que l'enfant apprend à l'utiliser.

D'autre part, pour comprendre qu'un bras est composé d'os, on peut lui montrer que tout le bras ne se plie pas. Il est également possible de l'inviter à réaliser une marionnette afin de visualiser les différentes parties fixes du corps. Manipuler un faux squelette ou en construire un à son échelle permet de mieux appréhender le sien.

Lorsque l'enfant élève un animal, il le voit naître, grandir, se nourrir, se reproduire, mettre au monde ses petits, se battre parfois pour sa survie et puis mourir. À chaque étape, il visualise les différents moments clés de la vie ; il peut ainsi durablement comprendre comment fonctionne le cycle naturel de la vie.

De la même façon, l'enfant qui plante, sème, coupe, taille, arrose, ajoute de l'engrais, supprime les herbes concurrentes, lutte contre les parasites puis récolte est un enfant qui apprend naturellement comment la nature grandit, comment prendre soin d'elle. Nul besoin d'un grand jardin : une simple jardinière permet déjà d'observer, d'expérimenter, de vivre ces événements.

Au fil des jours, on peut également s'inspirer de la pédagogie Steiner et observer les différentes saisons, prendre des photos d'un même arbre au fil des mois afin de remarquer les différences. En prenant le temps d'observer la nature et les animaux qui nous entourent, l'enfant apprend comment ceux-ci vivent. Réaliser un cahier de la nature à la manière de Charlotte Mason ou une table des saisons comme Rudolf Steiner, ou tout simplement vivre les choses sans se soucier de les noter, en laissant l'enfant se les approprier à sa manière, permet à l'enfant de découvrir la nature du vivant.

D'autre part, lorsque ses dents tombent, on peut parler à l'enfant de leur croissance. Lorsqu'il a eu mal au ventre, on peut évoquer la digestion. L'adulte rebondit sur les questions ou propose des réflexions tout en étant prêt à ne pas insister si l'enfant n'est pas intéressé. Ainsi, lorsqu'un bébé pointe son nez dans la famille ou l'entourage, il est rare que l'enfant ne demande pas où est le bébé et comment il est arrivé là. Si possible, il pourra placer sa main sur l'abdomen de la future maman et sentir la vie qui grandit.

Maëlys, 7 ans

« Quand mon petit frère était dans le ventre de maman, ce n'était pas drôle, il me donnait des coups de pied comme s'il ne voulait pas que je sois sur ses genoux ! Mais j'aimais bien quand il faisait le gros dos contre ma main. »

Manipuler naturellement

Les occasions de manipulation-apprentissages naturels sont fréquentes :

- Lorsque l'enfant grimpe un escalier, on peut lui proposer de les compter : il apprend alors la comptine numérique. La même proposition peut être faite lorsqu'il découvre des animaux et qu'on l'invite à comparer s'il y a plus ou moins de moutons que de chèvres.
- Lorsque l'enfant cuisine, il pèse, mesure, compte ses cuillères : il apprend naturellement à compter. Lorsqu'il divise les proportions ou les multiplie par deux, il découvre les multiples, les diviseurs et les fractions.
- Lorsqu'il s'investit dans un bricolage, là aussi il mesure, trace des lignes, lit des consignes parfois : il découpe et apprend une fois encore en manipulant. Pour réaliser une fusée, un bateau, une pyramide, un vêtement ou tout autre objet, il lit pour

s'informer, trie l'information pertinente, compte, mesure, découpe, le tout en vivant ces différents apprentissages.

Manipuler du matériel pédagogique

Si les enfants utilisant du matériel Montessori ont moins de difficultés, c'est parce qu'ils manipulent ! En effet, beaucoup de difficultés disparaissent lorsque l'enfant utilise son corps puisque le fait de manipuler permet aux connexions de son cerveau de s'établir correctement. Aussi n'hésitez pas à relire le chapitre précédent afin de trouver quelques idées de matériel Montessori – en particulier les lettres et chiffres rugueux, les plateaux de jeux, les formes à manipuler, les bouliers, les puzzles, les globes et les barres de couleur ou de perles.

Maria Montessori n'est cependant pas la seule à avoir mis au point un matériel intéressant. On peut ainsi proposer les attri-maths[87] qui emportent généralement un vif succès auprès des enfants. Pour les mathématiques, on peut également proposer les réglettes Cuisenaire[88] – avec ou sans supports créés pour les accompagner – ou bien la méthode des frères Lyons[89].

Pour l'histoire, l'enfant pourra se projeter sur des calendriers avec un petit personnage se déplaçant au fil des jours, semaines puis mois. Dessiner ou colorier en lien avec le texte évoqué ou, mieux encore, se déguiser ou bricoler permettront là aussi d'ancrer les connaissances.

Pour la géographie, l'enfant pourra se déguiser, bricoler, cuisiner ou compléter des puzzles afin de visualiser où est tel ou tel pays.

87. Formes colorées pour lesquelles des fiches peuvent être proposées, mais qui peuvent également être utilisées librement.

88. www.cuisenaire.eu

89. http://defimath.ca/ecole-maison

Pour le français, associer images et mots découpés par exemple permettra à l'enfant d'utiliser son corps afin de solliciter tout son être et non seulement ses oreilles ou ses yeux.

Aptitudes développées

> **Compter, lire, se repérer dans le temps et l'espace, trier des informations, s'impliquer, s'engager physiquement et intellectuellement, acquérir des connaissances dans tous les domaines prévus par le socle commun.**

Lire pour découvrir

Lison, 14 ans

« Quand je lis j'ai l'impression de voyager ! »

Pourquoi ne pas d'emblée placer la lecture du côté de la découverte plutôt que du côté de l'obligation ? Lorsque l'enfant doit apprendre à lire, en retenant des mots entiers ou bien en ânonnant des syllabes sans en percevoir le sens, il peut avoir deviné l'intérêt de ces exercices et s'accrocher afin d'entrer dans la lecture pour lire à son tour ou pour faire plaisir à l'adulte.

Tom, 7 ans

« Moi j'aime pas lire ! C'est nul la lecture. Je préfère jouer et courir ! »

Cependant, un certain nombre d'enfants n'y parviennent pas parce qu'ils ont un profil particulier ou bien plus souvent parce qu'ils n'en voient pas l'intérêt ! L'exercice est inintéressant à leurs yeux. Les familles sans école choisissent alors d'imposer la lecture ou d'attendre que l'enfant soit prêt tout en lui permettant de grandir dans un univers de livres.

Il est en effet possible de procéder autrement et d'associer la lecture à un moment de bonheur et de découvertes. La première règle est alors de continuer à lire à l'enfant tant qu'il le souhaite ! Certains enfants écouteront le parent lire et souhaiteront lire également, d'autres apprendront plus tardivement. En instruction à domicile, les enfants n'apprennent pas tous à lire à 6 ou 7 ans, certains apprennent à 4 ou 5 ans et d'autres à 9, 10, 11 ou même 12 ans. Lorsque l'enfant entre alors dans la lecture, il y parvient généralement en quelques semaines et a très vite un niveau équivalent à un enfant de son âge. Un certain nombre de familles sans école choisissent ainsi de ne pas brusquer l'enfant et d'avoir confiance en son rythme naturel. Tous les enfants ne marchent et ne parlent pas au même âge, c'est la même chose pour la lecture. La question est de savoir si l'enfant est prêt et n'y parvient vraiment pas (s'il a besoin d'une méthode particulière ou si un problème dys est en cause) ou s'il n'est tout simplement pas prêt.

Pour accompagner l'enfant vers la lecture, on peut répondre à ses questions et demandes et/ou lui proposer des outils tels que les personnages de la planète des Alphas[90] afin de découvrir les sons, s'inspirer d'une méthode existante (par exemples *Léo et Léa* ; *Taoki et Compagnie* ; méthodes Borel ou Montessori) ou bien imaginer sa propre méthode. Il est également possible de le laisser apprendre à son rythme en lui proposant un univers suffisamment riche pour qu'il apprenne à lire. Les familles « unschooleuses » ou les familles scolarisant dans une école de type Sudbury[91] où rien n'est imposé parient ainsi sur un apprentissage naturel de la lecture[92].

90. www.lesalphas.net

91. Dans les écoles de type Sudbury (ou écoles démocratiques), les élèves décident eux-mêmes de leurs apprentissages. Ils sont totalement libres et les apprentissages sont donc essentiellement autonomes et informels. Voir par exemple : www.ecole-dynamique.org

92. http://ecole-autonome.be/2016/03/08/les-enfants-apprennent-tout-seuls-a-lire-par-dr-peter-gray

L'objectif final de la lecture n'est de toute façon pas de savoir lire des manuels scolaires ; Célestin Freinet et Charlotte Mason l'avaient compris. Le premier pensait qu'un enfant aime lire ce qui lui parle, ce qui s'ancre dans son quotidien. Il remplaça donc les manuels par des journaux, tandis que la seconde misait sur des ouvrages de qualité qui parleraient à l'enfant. Toutefois, la question est peut-être de savoir qui décide des lectures. Si l'adulte juge un livre passionnant et enrichissant pour l'enfant, ce dernier n'aura peut-être pas le même regard. Pour être certain de choisir le bon livre, il est important de savoir à qui on s'adresse et surtout de garder à l'esprit qu'un choix sans succès n'est pas un échec, mais une proposition parmi d'autres.

Lire, c'est découvrir ce que d'autres enfants écrivent *via* des journaux, des correspondances, des témoignages.

Lire, c'est s'ouvrir au monde *via* des lectures en géographie (récits de voyage, guides de voyage, romans, livres de recettes, etc.).

Lire, c'est découvrir ou redécouvrir l'histoire *via* des récits, des romans historiques ; l'occasion également d'aiguiser son esprit critique en s'apercevant qu'un même événement n'est pas vécu, ressenti et analysé de la même façon.

Lire, c'est percevoir l'intérêt d'une notion mathématique *via* des récits d'aventures mathématiques, tels que *Mat et Ma Tic et compagnie* de Daniel Gostain et Marion Puech.

Lire, c'est éveiller l'attention aux mots, l'amour de la langue française, le goût de vivre des aventures extraordinaires ; lire, c'est également rêver *via* des fables, des contes, des romans, des pièces de théâtre, des journaux ou des récits ; lire, c'est encore découvrir l'amour du beau ou l'appel à la réflexion *via* la poésie ou les ouvrages soignés ou engagés.

Lire, c'est connaître des informations scientifiques et s'interroger *via* des ouvrages ciblés : il en existe un grand nombre pour le grand public et les enfants, par exemple *Comment faire entrer huit mètres d'intestin dans mon ventre* ? d'Alain Korkos et Christine Beigel.

Lire, c'est chercher à résoudre des énigmes ou des enquêtes policières par exemple.

Lire, c'est chercher et s'inspirer d'un plan pour réaliser un projet un peu fou ou pas.

Lire, c'est découvrir des recettes pour se régaler et régaler sa famille.

Lorsqu'on apprend à aimer les livres, l'univers devient tout à coup infini et, à l'heure du numérique, les limites sont encore repoussées puisqu'on lit en échangeant avec son réseau ou en cherchant des informations… Sur le blog Apprendre avec bonheur[93], vous trouverez des idées de lectures pour tous les thèmes précédents.

Aptitudes développées

Lire, trier des informations, s'impliquer, s'engager physiquement et intellectuellement, développer l'imaginaire, développer l'ouverture au monde, acquérir des connaissances dans tous les domaines prévus par le socle.

Écrire pour échanger, se souvenir, imaginer

Rares sont les personnes qui n'écrivent jamais, en revanche les Français rêvant d'écrire un livre sont nombreux. Les enfants ne dérogent pas à ce plaisir d'écrire, si l'écriture n'est pas ressentie comme une corvée. Il est tout à fait possible d'encourager l'enfant à bien écrire par l'exemple et en lui donnant quelques conseils sans transformer ce moment en torture. Si quelqu'un vous reprend sans arrêt sur votre écriture, aurez-vous encore

93. http://apprendreavecbonheur.blogspot.fr/p/lectures.html

envie d'écrire ? Et vous, pourquoi écrivez-vous ? Pour le travail ? Pour échanger avec d'autres ? Pour faire des recherches ? Pour le plaisir ?

Écrire pour échanger

Élodie, maman de Enzo, 8 ans

« Avec Enzo, nous aimons nous laisser de petits mots. Nous les posons sur l'oreiller, sur le frigo ou sur la table. Ce sont de tous petits mots souvent pour nous dire que nous nous aimons et parfois pour échanger sur quelque chose que nous avons vu quand l'autre n'était pas là. »

Une des premières raisons pour lesquelles on écrit, c'est pour communiquer avec l'autre, lui offrir des mots doux par exemple. Visiblement, Élodie n'a pas attendu qu'Enzo soit grand pour commencer cet échange avec lui.

On peut également écrire pour échanger autour d'un quotidien ou d'idées. Plus tard, on pourra offrir à l'autre un compte-rendu d'une activité ou bien une synthèse portant sur des documents, des objets, des situations. Des familles sans école proposent encore une correspondance ou bien des échanges de journaux avec d'autres enfants.

Écrire pour se souvenir

Emma, 11 ans

« Quand j'étais petite j'aimais bien le cahier de vie à l'école. Alors on a continué quand je suis restée à la maison. Dans mon cahier, je collais des tickets, des photos et j'écrivais des textes de ce que je faisais. »

Comme pour Emma, on peut proposer à l'enfant de réaliser un cahier de vie dans lequel il notera les traces de ce qu'il souhaite conserver. L'enfant y écrit plus ou moins ; il peut également y dessiner ou dicter à l'adulte avant de se sentir prêt à écrire à son tour.

Certains parents plutôt « école à la maison » proposent à l'enfant de réaliser des *lapbooks* (voir p. 123), des exposés, des résumés ou synthèses de ce qui a été réalisé. D'autres encore proposent d'écrire des récits de voyage ou des comptes-rendus d'expériences dans le journal de l'enfant ou dans un support distinct.

Écrire pour imaginer

Le plaisir d'imaginer une histoire est le bonheur d'écrire le plus répandu chez l'enfant. Certains enfants n'aiment pas écrire à d'autres, ils aiment encore moins raconter ce qui est passé (« *C'est bon maintenant c'est fini !* »), mais ils aiment régulièrement inventer une histoire.

On peut leur proposer d'inventer un conte ; d'imaginer une aventure ; d'écrire un sketch ; de réécrire une fable ; de transformer un extrait de roman en extrait de théâtre dans le but de le jouer ou pas, et inversement de transformer un extrait de théâtre en roman ; d'imaginer une BD ; d'inventer leur propre dictionnaire des mots « tordus » (ou imaginés) ; d'écrire à plusieurs ; d'imaginer un journal comme s'ils étaient quelqu'un d'autre ; d'écrire sur le monde d'aujourd'hui (pour les plus grands et pourquoi pas les plus jeunes qui le souhaitent) ; d'écrire en utilisant des champs lexicaux[94] qui leur permettront d'enrichir leur vocabulaire et d'écrire sur un thème donné.

94. http://apprendreavecbonheur.blogspot.fr/2016/04/donner-lenvie-decrire.html

Aptitudes développées

Écrire, trier des informations, s'impliquer, s'engager physiquement et intellectuellement, utiliser des connaissances dans tous les domaines prévus par le socle, créer, développer l'imaginaire.

L'essentiel à retenir

Pour apprendre de manière vivante, l'enfant a besoin de manipuler, mais également de trouver du sens dans l'acte de lecture.

Lorsque c'est le cas, il découvre qu'il existe des lectures dans tous les domaines, des lectures qui élargissent son univers.

Enfin, l'enfant prendra plaisir à écrire si cet acte s'ancre dans sa réalité, une réalité d'échange, mais également une écriture souvenir ou d'imagination.

CHAPITRE 9

COMMENT L'ENFANT DEVIENT-IL ACTEUR DE SES APPRENTISSAGES ?

Au programme

- Apprendre en jouant
- Apprendre en expérimentant et en visitant
- Apprendre en explorant ses intérêts
- L'essentiel à retenir

Apprendre de manière vivante est un excellent moyen de s'impliquer dans les apprentissages. Cependant, si l'adulte guide l'apprentissage, l'enfant n'est pas encore autonome. Ci-dessous, je vous propose des pistes de réflexion pour développer l'autonomie de l'enfant. Aussi allons-nous commencer par quelques petites questions autour du *unschooling*[95] et des apprentissages autonomes.

95. Le *unschooling* est le refus d'imposer un support à l'enfant.

Test 15 : Qu'est-ce qu'un *unschooling* bien géré ?

Cochez les cases qui vous semblent correspondre.

	Vrai	Pas toujours	Faux
1. Jamais de support formel.			
2. Partir des intérêts de l'enfant.			
3. Jamais de proposition à l'enfant, tout vient de lui.			
4. Créer un environnement riche.			
5. Ne jamais contredire ses tentatives d'expérimentation.			

Réponses

1. Faux. Unschooling *et support(s) formel(s) peuvent parfaitement s'accorder, tout dépend des projets (examen par exemple ou support apprécié) et des demandes de l'enfant. Lorsque l'enfant choisit de se présenter à un examen, lorsqu'il choisit un support formel, il est acteur de ses apprentissages. L'adulte ne les impose pas.*

2. Vrai (voir p. 182). Partir des intérêts de l'enfant lui permet de s'impliquer dans ce qu'il découvre.

3. Faux. Partir des intérêts de l'enfant ne signifie pas ne rien proposer, au contraire ! Si vous avez une passion, si vous avez remarqué un événement, un livre, un film, partagez avec votre enfant. Communiquez-lui votre enthousiasme : non seulement il pourrait être intéressé, mais il est fort possible que vous partagiez ensemble le plaisir d'une nouvelle découverte.

4. Vrai. Comme on l'a vu (p. 62), certains anciens unschoolers *regrettent de ne pas avoir bénéficié d'un environnement suffisamment riche. Il ne s'agit pas de multiplier les sorties ou activités coûteuses, mais de proposer des livres, des films, des occasions de découverte variés. En vous voyant lire, vous intéresser au monde qui vous entoure, votre enfant s'intéressera plus facilement à la lecture et au monde qui l'entoure puisque ce sera naturel pour vous. C'est pourquoi les enfants scolarisés issus de familles où les parents lisent et partagent autour de leurs découvertes réussissent généralement mieux à l'école et ont souvent une culture plus large. Ce ne sont pas les exercices et supports formels qui créent la culture de chacun, mais notre environnement et l'habitude que nous avons prise de suivre nos intérêts.*

5. Pas toujours. Encourager le désir d'expérimentation de l'enfant lui permet de s'impliquer dans ce qu'il découvre, mais rien ne vous empêche d'expliquer que tel produit avec tel autre est dangereux. Il ne s'agit pas de laisser l'enfant sans jamais intervenir : celui-ci peut être encouragé par une présence discrète complice ou prête à intervenir si le désir d'expérimentation met en danger réel l'enfant ou ne respecte pas autrui. Lancer des objets variés sur quelqu'un pour voir si la réaction est la même n'est bien sûr pas une expérimentation respectueuse d'autrui.

Apprendre en jouant

Lorsque les enfants sont petits, ils passent des heures et des heures à jouer. Combien d'enfants scolarisés en maternelle et primaire regrettent de ne pas avoir plus de temps pour jouer ? Un enfant laissé libre de jouer sans jugement ni pression extérieure joue longtemps. Il n'est ainsi pas rare que les jeunes ayant grandi sans école jouent encore à l'adolescence, simplement parce qu'ils en ont besoin et qu'ils continuent de se construire et de créer ainsi.

Trop souvent les adultes portent un regard critique sur les jeux d'enfants. Ils pensent que ce sont des jeux sans importance : tant mieux si l'enfant s'amuse, mais pour apprendre il faut travailler ! Ce n'est cependant pas l'avis d'un certain nombre de pédagogues.

« *L'enseignement ne doit être ici qu'une récréation continue, la joie servira de maître*[96]. »

Marie Pape-Carpantier (1815-1878), pédagogue française

Pour Pauline Kergomard[97], le jeu permet de s'initier à la vie sociale. Lorsque l'enfant imagine une identité pour ses person-

96. À propos des salles d'asile, anciennes maternelles.
97. Pauline Kergomard (1838-1925) est la fondatrice des écoles maternelles en France.

nages, il s'essaie à des relations avec les autres et prépare sa vie future. Lorsqu'il joue au papa ou à la maman, il imite les adultes et apprend les gestes pour prendre soin d'un enfant. Lorsqu'il imagine qu'il est dans une fête et qu'il rencontre d'autres personnages créés par d'autres enfants ou même par lui-même, il entre en interaction avec eux et apprend à s'adapter. Plus il vit de situations riches et variées, plus il peut créer son identité sociale. Nul besoin pour l'adulte de s'impliquer : l'enfant observe, imite, joue avec les autres enfants.

Ovide Decroly[98], quant à lui, avait noté l'énergie, la persévérance et la volonté des enfants dès lors qu'ils jouent. Sans relâche, ils inventent, ils créent. Un simple jardin devient une jungle, quelques branches se transforment en cabane, une empreinte peut être celle d'un mammifère ou d'un animal extraordinaire dont il faut retrouver la trace. L'enfant développe ainsi son imaginaire, sa créativité, et déjà il observe et expérimente. Qu'apprend-il alors ? Il apprend à parler, à mesurer, à calculer parfois. Il apprend la socialisation. Il apprend surtout à s'investir, à observer et à créer. Or Donald Winnicott[99] expliquait que c'est seulement en jouant que l'adulte est capable de créer et que c'est en créant qu'on découvre son véritable « soi ».

Avec les enfants et son équipe, Decroly imagina des dizaines de jeux pour développer les perceptions sensorielles, l'attention et « l'aptitude motrice » des enfants. Un bon nombre d'enfants aiment ainsi jouer à identifier des odeurs, des formes, des bruits ; ils aiment manipuler de petits instruments de musique ou en imaginer de nouveaux. Apprendre à prêter attention au monde qui l'entoure développe la curiosité de l'enfant, mais prépare également l'attention aux mots et aux chiffres.

98. Ovide Decroly (1871-1932) est un pédagogue belge. Plus d'info : www.icem-pedagogie-freinet.org/book/export/html/29202

99. Donald Woods Winnicott (1896-1971) est un pédiatre, psychiatre et psychanalyste britannique.

Les jeux pédagogiques destinés à apprendre à lire, à écrire ou à compter séduisent certains enfants et d'autres non, parce qu'ils refusent qu'on utilise le jeu pour les obliger à apprendre. Il est cependant possible de présenter des apprentissages comme un jeu ou un jeu-défi, ce qu'ils sont nombreux à apprécier. Par exemple, être le premier à retrouver la page 56 ou un mot dans un dictionnaire, imaginer des devinettes, des quiz, etc.

En plus des jeux naturellement imaginés par l'enfant, on peut également lui proposer des jeux moins étiquetés « pédagogie » comme des jeux de Monopoly ou de marchande. Les jeux de société, et plus particulièrement de stratégie, apprennent à réfléchir. Or comme le disait Montaigne[100] : « *Mieux vaut une tête bien faite qu'une tête bien pleine.* » Accumuler les connaissances est inutile si l'on ne sait pas s'investir dans ce que l'on fait, si l'on n'a pas appris à penser par soi-même.

Aptitudes développées

> **Se repérer dans le temps et l'espace, trier des informations, s'impliquer, s'engager physiquement et intellectuellement, acquérir des connaissances, créer, communiquer, développer la socialisation.**

100. Michel de Montaigne (1533-1592) est un essayiste français.

Apprendre en expérimentant et en visitant

En expérimentant par la construction

Léa, 9 ans

« Plus tard je serai inventrice ! »

Lorsque l'enfant joue, il imagine et il n'est pas rare qu'il construise des projets. Ainsi, la plupart des enfants souhaitent avoir une cabane. Parfois, l'adulte en achète ou en bricole une, mais c'est tellement plus amusant de la faire soi-même, avec des coussins et des couvertures, des cartons ou encore des branches qu'il a pu récupérer ! Certains imaginent même une cabane avec des livres. L'enfant apprend par essais, erreurs, adaptations et réussites. Si sa structure manque d'une base stable, tout s'écroule ; alors il recommence jusqu'au moment où la cabane tient ! Généralement, l'enfant réalise plusieurs cabanes tout au long de sa vie ; à chaque fois, elles deviennent plus élaborées.

Si l'enfant demande conseil à l'adulte, il est important de lui répondre mais sans agir à sa place. On constate, en effet, qu'un adulte qui remplace l'enfant a pour effet de détourner l'enfant, au moins en partie, de son intérêt… Est-ce si important que la cabane soit parfaite ? En la bricolant lui-même, l'enfant apprend des notions de physique et de mathématiques élémentaires.

De nombreux autres projets de construction germent dans l'esprit des enfants : cabane à oiseaux, circuit ou tremplin pour vélo, terrain de golf, lit de poupée, etc. Chacun de ces projets suppose des essais-erreurs-réussites, chacun sollicite des compétences mathématiques et physiques mais également des compétences corporelles (motricité fine, implication du corps, repérage dans l'espace) et souvent de lecture puisque l'enfant peut être amené à chercher des informations dans des livres ou sur le net.

En expérimentant *via* des expériences scientifiques

L'expérimentation est un moyen actif de découvrir, d'apprendre et de retenir, *a fortiori* si l'expérience a été choisie et pleinement vécue par l'enfant. Il n'est ainsi pas rare que l'enfant désire ensuite réaliser une autre expérience en lien avec la première ou qu'il fasse des ponts entre plusieurs expériences.

Inès, 12 ans

« À la maison, on a plusieurs kits scientifiques, mais surtout un microscope de compét' que maman a acheté sur un forum de passionnés. J'adore mon petit labo ! »

Généralement, les plus jeunes apprécient d'imaginer ou de réaliser des expériences. Plusieurs cas de figure se dessinent :

- Soit l'enfant imagine ou propose une expérience. L'adulte peut éventuellement chercher le matériel manquant et peut être avec l'enfant, ou pas.
- Soit l'adulte réfléchit avec l'enfant aux moyens de répondre à sa question, et si ce dernier peine à formuler une hypothèse d'observation, il est possible de le guider en veillant à ne pas tout faire à sa place au risque d'émousser son intérêt.
- Soit l'adulte propose une expérience, par exemple à partir d'un site[101] ou d'un kit[102].

101. www.funsci.com/texts/index_fr.htm ; www.wikidebrouillard.org ; www.petitesexperiences.com ; www.lesdebrouillards.com/experiences ; http://intra-science.anaisequey.com

102. Kits de petit chimiste, kits de véhicules à eau, kits électriques, kits « C'est pas sorcier », kits E-Lab 700 pour les plus grands.

Dans la mesure du possible, l'adulte intervient peu : il veille surtout à ce que l'enfant ne soit pas en danger et, pour ça, il lui explique la signification des étiquettes apposées sur les flacons et certains principes chimiques ou physiques.

Si certaines familles sans école demandent ensuite un compte-rendu, à long terme il s'avère que l'enfant qui a écrit un compte-rendu ne se souvient pas nécessairement plus que l'enfant qui a expérimenté sans compte-rendu. En revanche, un compte-rendu sans expérimentation laisse généralement peu de traces dans l'esprit.

En visitant

Thomas, 10 ans

« J'ai visité un musée de l'aviation et, depuis, je lis et regarde tout ce que je trouve sur les avions. Je veux fabriquer moi-même mon avion miniature. »

Visiter un lieu chargé d'histoire ou imprégné d'une culture différente, découvrir un paysage, une région, un pays sont d'autres moyens très actifs d'apprendre.

Ainsi, l'enfant qui se déplace d'un lieu A à un lieu B visualise le trajet, il l'imprime dans son corps, il se souvient plus durablement d'une ville qu'il a vue « en vrai » que d'une ville qu'il a vue sur une carte. Impossible de parcourir chaque ville de chaque pays et de chaque continent, mais l'enfant s'imprègne de la musicalité des noms qu'il rencontre et, par déduction, il parvient ainsi plus facilement à comprendre sur quel continent ou pays peut se situer tel ou tel pays ou ville.

En voyageant, l'enfant découvre également d'autres mœurs et cultures, d'autres paysages. À l'étranger, il entend d'autres langues et si un voyage longue durée peut lui permettre d'avoir de véritables connaissances linguistiques, un voyage court éduque son oreille aux résonances particulières d'une langue. Le fait d'avoir pu traverser tel ou tel pays renforce également son intérêt pour une langue particulière.

De plus, un bon nombre de lieux culturels ou historiques proposent des activités pour les enfants en plus de la visite, ce qui permet de mieux percevoir une réalité qu'une simple image ou quelques mots prononcés.

Les visites nourrissent la curiosité de l'enfant, elles lui permettent d'acquérir des connaissances durables en histoire, géographie, mais aussi lecture et parfois langue étrangère. Cependant, les visites peuvent peser sur le budget d'une famille modeste. Surveillez les sites des offices de tourisme qui proposent des activités nationales comme les journées du patrimoine ou des journées ponctuelles avec tarif réduit ou activités particulières. Une visite en groupe permet également de bénéficier d'un tarif préférentiel. Enfin, un certain nombre de musées et monuments sont gratuits pour les enfants et un dimanche par mois pour tous ! N'hésitez donc pas à regarder autour de chez vous.

En plus des visites, regarder un documentaire, un film historique ou simplement un film qui se situe ailleurs permet de nourrir la curiosité naturelle de l'enfant et là encore de rendre concret et actif un apprentissage. Plus vous serez réellement intéressé par ce type de support, plus votre enfant le sera probablement.

Aptitudes développées

> **Compter, lire, se repérer dans le temps et l'espace, trier des informations, s'impliquer, s'engager physiquement et intellectuellement, acquérir des connaissances dans tous les domaines prévus par le socle, développer sa socialisation, communiquer, créer, chercher, apprendre de ses erreurs, apprendre à poser une hypothèse puis la tester et l'améliorer.**

Apprendre en explorant ses intérêts

Sarah, 17 ans

« Quand j'avais environ 9 ans, ma mère nous lisait *Harry Potter* à voix haute. Seulement, au bout d'un moment, sa voix s'enrouait et elle arrêtait de lire et moi j'étais frustrée. Alors je me suis emparée du livre et j'ai commencé à lire seule. »

C'est par intérêt pour un livre que Sarah est entrée dans la lecture, pas parce qu'un adulte avait décidé de l'âge auquel elle devait lire. Depuis, Sarah ne s'est plus arrêtée. Nourrie de lectures, elle est devenue une lectrice dévorante.

De la même façon, c'est en partant des projets de l'enfant que celui-ci s'implique totalement et est acteur de ses apprentissages. Ainsi, Antoine de La Garanderie[103] recommande une pédagogie de projet qui place l'enfant au cœur de la démarche, prenant l'exemple de l'enfant qui aime se baigner et pour qui on cherche quels projets pourraient en découler (projets en lien avec l'eau, les bateaux, etc.). Le parent favorisant les apprentissages autonomes cherche à suivre les intérêts de l'enfant en partant de ses projets. Toutefois, pour que ces propositions fassent sens, il faut qu'elles s'intègrent au projet de l'enfant. Si ce dernier pose des questions sur les bateaux, il ne parle pas des sous-marins et il a besoin de réponses sur les bateaux avant de pouvoir s'intéresser aux sous-marins.

De plus, selon Carl Rogers[104], apprendre est un engagement où la personne toute entière est impliquée, c'est également une initiative personnelle : on ne peut nous obliger à apprendre si on ne le souhaite pas. L'apprentissage modifie profondément

103. Pédagogue français, Antoine de La Garanderie (1920-2010) a développé une théorie de « la gestion mentale ».

104. Carl Rogers (1902-1987) est un psychologue nord-américain, auteur de *Liberté pour apprendre* (1972).

« l'apprenti » à condition d'être « signifiant », c'est-à-dire ancré dans son expérience et autoévalué par l'apprenti lui-même.

Nombre de connaissances et compétences sont ainsi apprises en dehors des circuits scolaires – l'école n'a pas le monopole des apprentissages –, parfois même lorsque nous sommes adultes. La plasticité de notre cerveau nous permet d'apprendre tout au long de notre vie. Ainsi, Jane Goodall[105] a toujours été passionnée par les animaux. Après une formation de secrétaire, elle a été invitée au Kenya à 23 ans où elle a rencontré un paléontologue fasciné par ses connaissances qui lui a permis de débuter dans un métier pour lequel la passion ne l'a jamais quittée.

Un intérêt préservé, soutenu et encouragé permet de bien meilleurs résultats que des reproches pour des « *connaissances insuffisantes* ». Un enfant régulièrement réprimandé risque de voir ses apprentissages bloqués, ce qui conduit parfois à un étiquetage faussé : il n'avance plus ou peu, perd confiance en lui et en son intérêt pour le monde qui l'entoure. Au contraire, l'enfant qui explore ses intérêts en voit de nouveaux émerger. Sa curiosité et son esprit critique grandissent avec lui, puisqu'il a l'occasion de constater qu'une même information peut être traitée de différentes manières et que parfois des informations sur un même sujet peuvent être contradictoires. Là encore, on peut l'encourager à regarder la source des informations afin d'apprendre à repérer si celles-ci sont plus ou moins fiables.

À noter

Attention tout de même à ne pas trop en faire ! En voulant trop « nourrir » l'enfant, ce dernier n'a plus le temps de se projeter, de réfléchir à ce qui l'intéresse, d'élaborer de nouveaux projets, et le parent court le risque d'étouffer une partie de sa curiosité et de son désir de s'impliquer.

105. Jane Goodall est née en 1934. C'est une primatologue, éthologue et anthropologue britannique.

Pour faciliter les propres recherches de l'enfant, son autonomie, un réseau Internet, des supports présents à la maison, un abonnement à une bibliothèque ou médiathèque seront utiles. Laissez-le également chercher et apprendre avec d'autres : enfants ou personnes de l'entourage plus ou moins proches.

Enfin, invitez-le dans votre univers, communiquez autour de vos propres découvertes et de vos intérêts. Il s'y intéressera plus ou moins, mais il sera ainsi encouragé à partager autour des siens. Et s'il n'a pas envie d'en entendre plus, eh bien, écoutez-le. Après tout, vous n'avez peut-être pas non plus envie d'entendre parler de Minecraft pendant des heures.

Ne vous inquiétez pas enfin s'il semble zapper d'un intérêt à l'autre : c'est aussi une question d'âge et de tempérament. En outre, peut-être que ces deux intérêts présentent pour lui un point commun qui vous a échappé.

Aptitudes développées

Compter, lire, se repérer dans le temps et l'espace, trier des informations, s'impliquer, s'engager physiquement et intellectuellement, acquérir des connaissances dans tous les domaines prévus par le socle, développer sa socialisation, communiquer, créer, chercher, apprendre de ses erreurs, apprendre à poser une hypothèse puis la tester et l'améliorer, devenir autonome et persévérant.

L'essentiel à retenir

L'enfant apprend naturellement et activement en jouant, en expérimentant, en visitant et en explorant ses intérêts.

Plus il s'investit dans ce qu'il fait et s'y intéresse, plus il devient acteur de ses apprentissages et plus ceux-ci s'ancrent durablement. Il apprend à être autonome et persévérant, des qualités souvent recherchées dans le monde du travail et la vie adulte.

INDEX

S

U

V

BIBLIOGRAPHIE

Sur l'instruction à domicile

Ouvrages publiés

BAKER Catherine, *Les Cahiers au feu*, Bernard Barrault, 1988.

BEAN Jonathan et RENAN Gaël, *L'École à la maison*, Le Genévrier, 2016 (album).

BERGERON Léandre, *Comme des invitées de marque*, L'Instant Présent, 2014.

DIEN Charlotte, *Instruire en famille*, Rue de l'échiquier, 2013.

GRAY Peter, *Free to learn*, Basic Books, 2013 (en anglais).

HOLT John, *Apprendre sans école*, L'Instant Présent, 2012. *Les Apprentissages autonomes*, L'Instant Présent, 2011.

ILLICH Ivan, *Une société sans école*, Seuil, 1971.

KOSCINSKI Doriane et DE OLIVEIRA Anne, *L'enquête de la mairie, lorsque les enfants s'instruisent hors école. Petit guide de survie à l'usage des professionnels et des familles*, L'Instant Présent, 2015.

LISE Isa, *L'École à la maison. Apprendre autrement*, L'Instant Présent, 2016.

PARDO Thierry, *Une éducation sans école*, Éditions Écosociété, 2014.

RAMIANDRISOA Jaona, *La méthode Arthur*, Fixot, 1992.

RENAU Claudia, *L'apprentissage informel expliqué à mon inspecteur*, L'Instant présent, 2012.

STERN André, *Et je ne suis jamais allé à l'école,* Actes Sud, 2011.

THOMAS Alan et PATTISON Harriet, *À l'école de la vie*, L'Instant Présent, 2012.

Études ou mémoires

Dossier français de Delphine Moyat-Gazzarin, « Ces citoyens qui font le choix d'instruire leurs enfants en famille », 2007. Disponible sur : http://storage.canalblog.com/10/37/193629/11811694.pdf

Mémoire français de Brigitte Conanec, « Premiers résultats d'une recherche en cours sur l'école à la maison », 2008-2009. Disponible sur : http://laia.asso.free.fr/etbc.html

Mémoire français de Nicole Terrillon, « L'instruction dans la famille comme alternative à l'école : sa place entre norme juridique et norme sociale », Université Lyon II, Collège coopératif Rhône-Alpes, ISPEF, Département des Pratiques éducatives et sociales, Lyon, 2002. Disponible sur : www.lesenfantsdabord.org/wp-content/uploads/2012/05/memoire_dheps_lyon.pdf (la circulaire évoquée n'est cependant plus celle qui est en vigueur).

Diverses études américaines menées par l'International Center for Home Education Research. Disponibles sur : http://icher.org

Diverses études américaines disponibles sur le site du NHERI (National Home Education Research Institute) : www.nheri.org

Étude américaine menée par Richard G. Medlin, « Homeschooled Children's Social Skills », Home School Researcher, 2006.

Étude américaine menée par Brian Ray, « Home Educated and Now Adultes », 2003. Disponible sur : www.hslda.org/research/ray2003/HomeschoolingGrowsUp.pdf

Étude américaine menée par Brian Ray, « Home Education Reason and Research: Common Questions and Research-Based Answers », Salem, 2009. Disponible sur : www.nheri.org

Étude américaine menée par Dr. Larry Shyers, « Comparison of Social Adjustment Between Home and Traditionally Schooled Students », University of Florida's College of Education, 1992.

Étude autrichienne menée par le ministère de l'Éducation et l'Institut des recherches interdisciplinaires : « Bildungsforschung des Bundesministeriums für Unterricht und Kunst. Kinder an Alternativ- und Regelschulen. Ein Vergleich », Vienne, 1993.

Étude britannique menée par Paula Rothermel, « Home-Education: Rationales, Practices and Outcomes », University of Durham, 2002.

Étude canadienne menée par Christine Brabant, « L'éducation à domicile au Québec : les raisons du choix des parents et les principales caractéristiques sociodémographiques des familles », Université de Sherbrooke, 2004. Disponible sur : www.aqed.qc.ca/images/stories/PDF/memoirebrabant.pdf

Essai de Marie-Josée Lacasse, *Éducation à domicile : impacts sur le rendement académique et la socialisation*, Université de Laval, département des fondements et pratiques en éducation, Québec 2010.

Étude canadienne : http://www.hslda.ca/assets/pdf/2009-study-fr.pdf

Sur des écoles différentes

BOUQUET-RABHI Sophie, *La ferme des enfants. Une pédagogie de la bienveillance*, Actes Sud, 2011.

COLLOT Bernard, *Chroniques d'une école du troisième type*, L'Instant Présent, 2013. *La pédagogie de la mouche*, L'Instant Présent, 2013.

GOERTZ Donna B., *Quand l'école s'adapte aux enfants*, Desclées de Brouwer, 2014.

HOULON Jeanne et CIBOIS Philippe (ouvrage coordonné par), *La Source, école de la confiance*, Éditions Fabert, 2007.

PENNAC Daniel, *Chagrin d'école*, Gallimard, 2007.

ROGERS Carl, *Liberté pour apprendre*, Dunod, 1972.

Sur la pédagogie

CAGLIARI Paola, CASTAGNETTI Marina, GIUDICI Claudia, RINALDI Carla, VECCHI Vea et MOSS Peter, *Loris Malaguzzi and the school of Reggio Emilia: A selection of his writings and speeches, 1945-1993*, Routledge, 2016 (en anglais).

DALY Lisa, BELOGLOVSKY Miriam, *Loose Parts: Inspiring play in young children*, Redleaf Press, 2014 (en anglais).

EDWARDS Caroline, GANDINI Lella et FORMAN George, *The hundred languages of children: The Reggio Emilia Experience in Transformation*, Greenwood Press, 2013 (en anglais).

FREINET Célestin, *Œuvres pédagogiques*, Seuil, 1994. *Pour l'école du peuple*, François Maspero, 1969.

FREINET Madeleine, *Élise et Célestin Freinet*, PUF, 2004.

GARDNER Howard, *Les intelligences multiples*, Retz, 2008 (dernière édition).

GUERITTE-HESS Bernadette, CAUSSE-MERGUI Isabelle, ROMIER Marie-Céline, *Les Maths à toutes les sauces*, Le Pommier, 2005.

LA GARANDERIE (Antoine de), *Les grands projets de nos petits*, Bayard, 2005.

LAFFON Laura, *La pédagogie Charlotte Mason*, epub, 2014.

MASON Charlotte, *The Outdoor Life of Children: The Importance of Nature Study and Outside Activities*, Createspace Independent Publishing Platform, 2015 (en anglais). *Home Education*, Wilder Publications, 2009 (en anglais). *Elementary Geography*, Blue Sky Daisies Editions, 2008 (en anglais).

MONTESSORI Maria, *L'enfant*, Desclée de Brouwer, 2016. *De l'enfant à l'adolescent*, Desclée de Brouwer, 2016. *Les étapes de l'éducation*, Desclée de Brouwer, 2007. *L'esprit absorbant de l'enfant*, Desclée de Brouwer, 2003.

STEINER Rudolf, *Les bases spirituelles de l'éducation*, Triades, 2010. *Méthode et pratique de l'art de l'éducation*, Triades, 2000. *Les lignes directrices de l'anthroposophie*, Novalis, 1998. *La nature humaine, fondement de la pédagogie*, Triades, 1987.

VIAUD Marie-Laure, *Montessori, Freinet, Steiner : une école différente pour mon enfant ?*, Nathan, 2013.

REMERCIEMENTS

Merci à mes filles pour m'avoir permis d'explorer une instruction différente. L'école n'a pas su répondre à vos besoins, mais ensemble nous avons beaucoup appris, ensemble nous avons souvent ri et surtout adoré apprendre.

Merci à ma mère pour son soutien indéfectible.

Merci à mon mari, à Karine, Isabelle, Valérie, Marilyne, Émilie, Carole, Perrine, Florence, Cynthia, Cécile, Imane, Ursula et bien d'autres encore.

Merci à vous chers lecteurs de mon blog *Apprendre avec bonheur* et de mon livre *L'école à la maison. Des pistes pour apprendre autrement* pour votre soutien, ce soutien qui m'a encouragée à écrire un second livre.

Merci à toutes les familles avec qui j'ai échangé tout au long de ces années.

Merci aux Éditions l'Instant Présent, et en particulier à Claudia Renau, qui ont publié mon premier livre sur l'école à la maison.

Merci aux éditions Eyrolles et en particulier à Agnès Fontaine pour son intérêt et sa confiance renouvelés !

Merci à vous, lecteurs, pour votre intérêt concernant l'instruction à domicile en général et ce livre en particulier.

PEFC
10-31-2541
Certifié PEFC
Ce produit est issu
de forêts gérées
durablement et de
sources contrôlées.
pefc-france.org

Achevé d'imprimer par Normandie Roto Impression s.a.s.
sur papier offset DNS Premium 80g
N° d'imprimeur : 1700505
Dépôt légal : mars 2017

Imprimé en France